KURSBUCH **7/8**

Religion

ELEMENTAR

KURSBUCH

Religion 7/8

ELEMENTAR

**Ein Arbeitsbuch für den Religionsunterricht
im 7./8. Schuljahr**

Calwer Verlag

Diesterweg

Kursbuch Religion Elementar wird herausgegeben von Wolfram Eilerts und Heinz-Günter Kübler

Berater: Gerhard Kraft, Dieter Petri, Heinz Schmidt und Jörg Thierfelder

Kursbuch Religion Elementar 7/8
wurde erarbeitet von Walter Boes, Michaela Deichl, Stefan Hamann, Ralph Hartmann, Marga Hass, Eckhard Kosanke, Dorothee Löser, Inge Müller, Irmgard Ruin-Koch und Jochen Schlenker
unter Mitarbeit von Ulrich Gräbig (Regionalberater Niedersachsen)

© 2004 Calwer Verlag GmbH Bücher und Medien, Stuttgart und
Bildungshaus Schulbuchverlage Westermann Schroedel Diesterweg
Schöningh Winklers GmbH, Braunschweig
www.calwer.com / www.diesterweg.de

Druck A [4] / Jahr 2006

Alle Drucke der Serie A sind im Unterricht parallel verwendbar.

Redaktion: Katja Fiedler, Hans-Jörg Gabler, Holger Höcke
Herstellung: Detlev Ehlen
Umschlaggestaltung: Thom Bahr GRAFIK, Mainz
Satz und Reproduktionen: UMP Utesch Media Processing GmbH, Hamburg
Seitengestaltung und Grafik: Thom Bahr GRAFIK, Mainz
Illustrationen: Markus Frey, Frankfurt am Main; Ekki Stier, Güntersberge; Frauke Weldin, Hamburg.
Druck und Bindung: westermann druck GmbH, Braunschweig

ISBN 3-7668-3807-5 (Calwer)
ISBN 3-425-07892-5 (Diesterweg)

Inhaltsverzeichnis

1. Wer bin ich?

Sehen, was in mir steckt 10

2. Freundschaft und Liebe

Miteinander gehen – beieinander bleiben? 22

3. Konflikte

Nachgeben oder sich durchsetzen? 34

4. Strafen

Strafen, vergeben, neu anfangen 42

Hallo, liebe Schülerinnen und Schüler,

„Kursbuch Religion Elementar" heißt euer Reli-Buch. Als „Kursbuch" wird auch die Zusammenstellung aller Fahrpläne der Deutschen Bahn bezeichnet.
Wer so ein Kursbuch hat, kann sich informieren und kann anderen Auskunft geben.

Euer Reli-Buch ist auch ein Kursbuch. Denn es informiert euch über alles, was ihr im Fach Religion wissen müsst. Aber wenn ihr in den beiden vergangenen Schuljahren schon mit dem Band 5/6 gearbeitet habt, werdet ihr gemerkt haben: Das Kursbuch Religion ist kein „Paukbuch". Viele Erfahrungen aus eurem Alltag kommen darin vor. Ihr lernt im Buch andere Jugendliche kennen und erfahrt etwas über ihr Leben.

Im Unterricht müsst ihr nicht viel blättern. Alles, was ihr für die Stunde braucht, steht auf einer Doppelseite.

Wahrscheinlich seht ihr euch zuerst die **Bilder** an. Viele geben schon Auskunft über das Thema, bevor ihr einen Text dazu gelesen habt.

Meistens gehört auch ein **Text** dazu, der euch die nötigen Hintergrundinformationen bietet. Die **Arbeitsaufgaben** helfen euch, Texte und Bilder noch besser zu verstehen, und geben euch gute Ideen für Spiele, Gespräche und Projekte.

Manchmal weist euch ein Zeichen auf etwas Besonderes hin:

 Eine Geschichte mit diesem Zeichen findet ihr auch in der Bibel. Meistens haben wir sie so erzählt, dass sie für euch interessant ist. Es lohnt sich also, die Bibelstelle im Unterricht aufzuschlagen und die Texte zu vergleichen.
Wenn wir eine Bibelstelle nacherzählt haben, findet ihr immer den Hinweis „nach …", also z.B.: nach Markus 10,13–16. Bei einem Original-Bibelzitat ist nur die Bibelstelle angegeben, z.B.: Psalm 23,1. Bei Auszügen aus einem Original-Bibeltext heißt es „aus …", z.B.: aus 1. Mose 1,1–2,4a.

 In diesem Kasten stehen Fremdwörter und Fachbegriffe, die ihr noch nicht kennt. Sie werden dort genau erklärt. Wenn ihr das Wort dann in einem Text lest, wisst ihr, was es bedeutet.

 Die wichtigsten Informationen sind oft in diesen grünen Kästen zusammengefasst. Es lohnt sich immer, den Inhalt dieser Kästen besonders aufmerksam zu lesen oder auswendig zu lernen.

Viel Spaß und gute Entdeckungen wünscht euch
euer Kursbuch Religion Elementar-Team

Sehen, was in mir steckt

1. Stelle dir eine eigene Identity-Card her, aber ohne deinen Namen!

2. Zeichne dein Profil so schnell wie möglich auf die Rückseite der Identity-Card. Versuche jedoch, dich so darzustellen, dass die anderen dich sofort erkennen können.

3. Sammelt die Karten ein, mischt sie und teilt sie wieder aus, sodass alle eine fremde Karte haben. Findet ihr eure Mitschülerinnen und Mitschüler anhand der neuen Karte wieder?

4. Denke nach:
   - Fiel es dir leicht, deine Identity-Card herzustellen? Wo hast du gezögert?
   - Hast du deine Mitschülerin oder deinen Mitschüler gleich gefunden? Woran lag es?
   - Wurdest du selbst erkannt? War es schwierig?

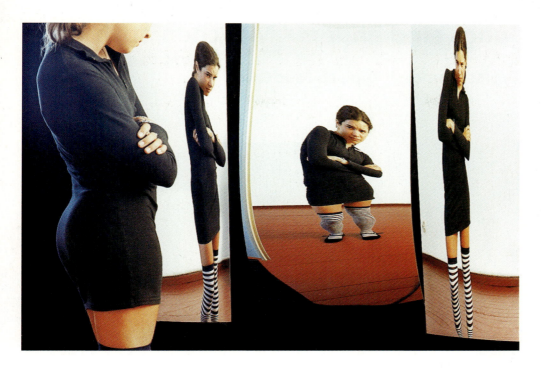

Ich
Ich sehe
Ich sehe mich
Ich sehe mich fragend
Ich sehe mich fragend an
Ich sehe mich fragend an –
und finde Schönes an mir

1. Schreibe Ideenketten zum Bild oben. Überlege nicht lange, sondern schreibe alles auf, was dir spontan einfällt. Du findest ein begonnenes Beispiel auf dieser Seite. Du kannst auch Satzanfänge benutzen.

Freundinnen

Party

beliebt???

Blick in den Spiegel

2. Schreibt auf Papierstreifen, was euch nach dem Zeichnen am meisten beschäftigt. Hängt dann die Streifen ohne Namen an die Tafel. Wählt aus, worüber ihr noch ausführlicher sprechen wollt. Beispiel: Muss ich aussehen wie ein Star? Was denkt das Mädchen darüber?

Jungs sind anders. Mädchen auch

Typisch Junge? Typisch Mädchen?

1. Wie typisch sind die abgebildeten Tätigkeiten für Mädchen oder Jungen? Erstellt eine Tabelle mit drei Spalten (typisch Junge; typisch Mädchen; typisch für beide) und entscheidet in Gruppen, wie ihr die Abbildungen einordnen wollt.

2. Legt in der Klasse eine Schnur auf den Boden. An das eine Ende legt ihr eine Karte „typisch Mädchen", an das andere Ende eine Karte „typisch Junge". Eure Lehrerin nennt eine der oben abgebildeten Tätigkeiten. Ihr entscheidet euch ganz persönlich, wie typisch ihr das für Mädchen oder Jungen findet und stellt euch auf die Schnur zwischen die beiden Karten. Erklärt, weshalb ihr gerade dort steht.

3. Was meint ihr? Wie sind Mädchen? Wie sind Jungen? Teilt euch in zwei Gruppen auf: eine Mädchengruppe und eine Jungengruppe. Erstellt in beiden Gruppen ein Plakat über die andere Gruppe: „Jungen sind …" bzw. „Mädchen sind …". Stellt euch die Plakate gegenseitig vor. Sprecht darüber, wie ihr die Plakate der anderen findet.

4. Es ist oft gar nicht so leicht, ein Junge oder ein Mädchen zu sein. Immer wieder hört man, was Mädchen und Jungen tun müssen, was typisch für ein Mädchen oder für einen Jungen ist, wie Mädchen oder Jungen sein sollen. Habt ihr auch schon solche Erfahrungen gemacht? Nennt Beispiele.

5. Gibt es Vor- und Nachteile, je nachdem, ob man ein Junge oder ein Mädchen ist? Sprecht über eure Erfahrungen und begründet eure Meinung.
Es ist sinnvoll, dass jeder vor dem Gespräch mindestens zwei Sätze aufschreibt:
   • Ich bin gerne ein Mädchen, weil … Manchmal wäre ich lieber ein Junge, weil …
   • Ich bin gerne ein Junge, weil … Manchmal wäre ich lieber ein Mädchen, weil …

Mädchen und Jungen sind … ?

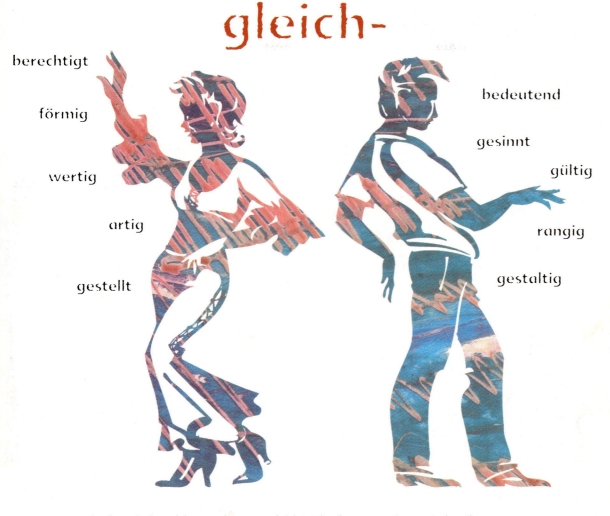

gleich-

berechtigt

förmig

wertig

artig

gestellt

bedeutend

gesinnt

gültig

rangig

gestaltig

1. Was meint ihr? Sind Mädchen und Jungen gleich? Schreibt eure Meinung, indem ihr aus dem Wortbild oben Wörter mit „gleich-" bildet. Schreibt damit mindestens acht sinnvolle Sätze auf, die so anfangen:
   - Mädchen und Jungen sind …, weil … . Manchmal müsst ihr auch das Wort „nicht" einfügen, um eure Meinung auszudrücken.
   - Wählt in Paar- oder Tischgruppen den Satz aus, der euch am wichtigsten ist, und markiert ihn.

2. Bildet jetzt ein Wortbild mit dem Wort „verschieden-", findet wieder Sätze. Was fällt euch auf? Unterhaltet euch darüber.

3. Lest in der Bibel 1. Mose 1,27. Findet ihr dort eine Unterstützung für eure Sätze? Begründet eure Ansichten.

4. Vergleicht das Bibelzitat mit Artikel 3, Absatz 2 unseres Grundgesetzes. Passen sie zusammen? Begründet.

5. Gestaltet ein Plakat, auf dem ihr das Bibelzitat, den Grundgesetzartikel und wichtige Aussagen aus euren Sätzen benutzt und mit Bildern oder Symbolen verdeutlicht. Findet eine Überschrift für euer Plakat, die neugierig macht.

Umgang zwischen Mädchen und Jungen

1. Betrachtet die Bilder und überlegt euch in Partnerarbeit: Welche Verhaltensweisen sind zwischen Jungen und Mädchen üblich? Welche Verhaltensweisen sind eurer Meinung nach zwischen Jungen und Mädchen wünschenswert?

2. Sammelt die Ergebnisse der Partnerarbeit in zwei Spalten an der Tafel: Übliches Verhalten / Wünschenswertes Verhalten.

3. Wer redet wie oft? Wer ergreift wie das Wort? Beobachtet einmal mit einer Strichliste eine Unterrichtsstunde. Was fällt euch auf? Erstellt Gesprächsregeln für Mädchen und Jungen und bemüht euch, sie einzuhalten.

Zweierlei Sprachen

Klasse 7 plant eine Klassenfahrt. Die Mädchen und Jungen diskutieren heiß über das mögliche Reiseziel:

Max: Wir machen eine Wildwasserfahrt, da können wir die Weiber ins Wasser werfen! (*Jungs lachen*)
Ulla: Die Kerls fühlen sich mal wieder total stark! Haben nur Muckis, nichts im Kopf!
Jörg (*spricht geziert*): Na, dann fahren wir eben nach München. Da können die Dämchen den Farbkasten auftragen, über die Straße wackeln und sich nachpfeifen lassen. Das habt ihr doch so gerne.
Marek (*fällt ihm ins Wort*): Au ja, und wir sind die Köchergirls mal los!
Nadine: Hey ... (*niemand hört sie*)
Yannik: Am besten wir nehmen die zarten Bienen gar nicht mit, die verstehen ja doch keinen Spaß!
Nadine: Hey, findet ihr das eigentlich witzig, wie ihr über uns redet? Zugegeben, wir haben auch nicht nett von euch gesprochen, aber das geht doch zu weit!

1. Bildet eine Mädchen- und eine Jungengruppe und sammelt auf einem Plakat jeweils Bezeichnungen, wie die andere Gruppe über euch redet. Vermerkt die Bezeichnungen, die ihr positiv findet, mit einem + , die negativen mit einem – . Warum gefallen/stören sie euch?

2. Die Mädchen- und die Jungengruppe stellt jeweils vor, wie sie nicht angesprochen werden will bzw. welche Umgangsformen ihr gefallen.

3. Erstellt gemeinsam in der Klasse Gesprächsregeln für Mädchen und Jungen und bemüht euch sie einzuhalten.

Verschieden sein hat was!!!

Wenn Janni nach der Schule an den Fahrradständer geht, kommt neuerdings wie rein zufällig Marco vorbei. Er geht dicht an Janni vorbei. Dann guckt er ganz schnell zu ihr, und wie! Doch sagen tut er nichts!
Zuerst findet Janni das einfach lästig. Nach der sechsten Stunde ist sie hungrig und will nach Hause. Aber irgend etwas beginnt sich zu verändern. Sie will es sich ja nicht eingestehen, aber ein bisschen wartet sie schon darauf, dass Marco kommt. Warum geht er nur immer mit diesem Blick an ihr vorbei? So ganz angenehm ist ihr das auch nicht. Sie guckt dann lieber schnell weg und macht sich an ihrem Fahrradschloss zu schaffen. Janni denkt nach, ob sie ihn mal fragt, warum er immer da vorbeischleicht. Vielleicht traut er sich ja nicht, sie anzusprechen. Aber sie bringt das auch nicht fertig, einfach nur zu sagen: „Hey, warum schleichst du jeden Mittag so hinter mir her?" Nein, das wäre ja total peinlich.

1. Schreibt einen Brief an Janni und einen an Marco, in dem ihr den beiden ratet, wie sie sich verhalten könnten.

2. Ihr kennt vielleicht solch eine Situation und könntet auch schreiben, wie es euch dabei ging.

3. Malt die Szene am Fahrradständer und gebt Janni und Marco Denkblasen. Ihr könnt die beiden anschließend in einem kleinen Rollenspiel nacheinander interviewen. Sprecht über eure Erfahrungen und Beobachtungen im Spiel.

4. Überlegt in kleinen Mädchen- und Jungengruppen, worüber ihr gerne mit Marco bzw. Janni reden würdet. Schreibt eure Ideen auf Plakate, die ihr euch gegenseitig vorstellt.

Wie bin ich?

hilfsbereit
humorvoll
gepflegt
zärtlich
großzügig
aufmerksam
einfühlsam
ehrlich
kontaktfreudig
entschlussfreudig
mutig
ausgeglichen
lebensfroh
interessiert

verbissen
herablassend
herrschsüchtig
neidisch
geltungsbedürftig
ichbezogen
launisch
unzuverlässig
rücksichtslos
gleichgültig
unehrlich
bequem

Ich bin so!

1. Stelle mit Hilfe eines Tageslichtprojektors ein Schattenprofil deines Kopfes auf hellem Tonpapier her und schneide den Kopf anschließend aus. Denke nach, welche Eigenschaften du hast. Notiere auf der Vorderseite deines Schattenprofils deine positiven Eigenschaften und auf der Rückseite die eher negativen. (Diese brauchst du niemandem zu zeigen, sie dienen nur deiner Selbsterforschung!)

2. Schau dir deine unliebsamen Eigenschaften noch einmal genau an. Auch sie sind ein Teil von dir. Siehst du eine Möglichkeit, etwas zu verändern? Merke sie dir genau, aber nimm dir nicht zu viel vor! Ein guter Tipp: Schreibe dir zu Hause einen Erinnerungszettel und lege ihn dorthin, wo du ihn immer wieder siehst!

3. Jetzt klebe dein Schattenprofil so auf ein Plakatblatt, dass du die positive Seite veröffentlichst. Über die Rückseite weißt du allein Bescheid und entscheidest selbst, mit wem du über sie reden willst.

Spurensuche

Suche
in mir.
Wer bin ich?
Das Ergebnis meiner Eigenschaften?
Persönlichkeit?!

Schema von Elfchen
1. Zeile: ein Wort
2. Zeile: zwei Wörter
3. Zeile: drei Wörter
4. Zeile: vier Wörter
5. Zeile: ein Wort

1. Solche Gedichte heißen „Elfchen", denn sie bestehen aus elf Wörtern. Erkennst du den Bauplan? Vergleiche mit dem Schema links!

2. Schreibe ein Elfchen zu einem der Themen:
„*So bin ich jetzt*", „*Ich*", „*Pubertät*", „*So möchte ich sein*", „*Entwicklungen*".

3. Gestalte ein Elfchenschmuckblatt und klebe es zu deinem Schattenprofil auf das Plakat.

16

Was andere von mir sagen

Andreas, deine stoppelige Frisur finde ich total cool.

Steffi, bei deinem Saxofonspiel krieg ich voll die Gänsehaut.

Melly, du kannst gut zuhören und findest immer passende Worte.

Sven, du kannst fantastisch Nudeln mit Tomatensauce kochen.

Daniel, du bist absolut verschwiegen, wenn ich dir ein Geheimnis anvertraue.

Sonja, wo du bist, ist sofort Stimmung.

Tanja, du kannst in einem Streit unheimlich gut beruhigen und vermitteln.

Max: Du Nadine, ich hab hier ein Foto von meinem letzten Ferienlager. Wir sollten für jeden von uns was Nettes schreiben. Guck mal!
Nadine: Klasse, das ist ja eine geniale Idee! So kann man sich später besser an alle erinnern. Sollen wir das nicht auch mal in unserer Klasse probieren?
Max: Nee, bloß nicht! Was sollte ich denn da zu Willi schreiben?
Nadine: Mensch, dann überleg doch mal! Es lässt sich ganz bestimmt was finden!

1. Nimm ein DIN-A4-Blatt, male einen Kreis in die Mitte und schreibe deinen Namen hinein. Gib das Blatt an deinen rechten Nachbarn weiter. Du selbst erhältst auch einen Zettel.
   a) Suche nach mindestens einer guten Eigenschaft, einer Fähigkeit oder einer besonderen Erfahrung mit der Person auf deinem neuen Zettel. Zeichne einen Sonnenstrahl an den Namen und schreibe, was du gefunden hast, in einem Satz auf den Strahl. Gib dann das Blatt wieder nach rechts weiter usw. Wenn das Blatt wieder bei dir angekommen ist, lies es dir erst allein durch und entscheide, was du anderen vorlesen willst.
   b) Zum Schluss erhältst du also eine Sonne, die dir widerspiegelt, was andere an dir schätzen. Klebe sie zu deinem Plakat mit dem Schattenprofil.
   c) Tauscht euch in der Klasse darüber aus, was euch beim Beschriften der Sonnenstrahlen durch den Kopf ging und was ihr empfunden habt, als ihr eure Sonne zurück bekamt.

Erwartungen

Jugendliche in diesem Alter
    sollten sich modisch kleiden
    und Kultmusik hören – und zwar laut.
Jugendliche in diesem Alter
    sollten stundenlang im Internet surfen,
    sich für frisierte Motoren begeistern
    und extreme Sportarten klasse finden.
Jugendliche in diesem Alter
    sollten Mysteryserien und Horrorfilme angucken
    und bis zum frühen Morgen in der Disco abtanzen.
Jugendliche in diesem Alter
    meinen, Bier und Rauchen gehören genauso dazu
    wie Designerdrogen auszuprobieren.
Jugendliche in diesem Alter
    sollten schön, fit und superschlank sein,
    sich für Sex interessieren
    und in jeder Hinsicht ein Traumpartner sein.
Jugendliche in diesem Alter
    sollten waghalsige Mutproben bestehen,
    um in eine Clique aufgenommen zu werden.

> *Doch wer bin ich?*
> *Ich bin in diesem Alter.*
> *Ich glaub, ich bin hier verkehrt.*
> *Ich will mich nicht anpassen*
> *an das Werbebild*
> *und das allgemeine Schema*
> *vom Jugendlichen in diesem Alter*
>
> nach Verena Konrad

Wer beeinflusst dich?

1. Lies das Gedicht sorgfältig durch. In diesem Text werden Erwartungen aufgezählt. Wähle eine aus, die dich im Moment besonders anspricht, und merke sie dir gut. Geh im Raum oder Flur umher und sage diesen Erwartungssatz murmelnd vor dich hin. Versuche, ihn immer nachdrücklicher auszusprechen.

2. Findet euch in einem Stehkreis zusammen. Stellt einen leeren Stuhl mit einem Schild „Jugendliche" in die Mitte. Sprecht euren gewählten Satz zunächst nacheinander, dann gleichzeitig und ausdrucksstark zu dem Stuhl. (Vielleicht möchte sich ja auch jemand auf den Stuhl setzen und die Erwartungssätze auf sich einwirken lassen.)

3. Sprecht darüber, was in euch vorging.

4. Kennt ihr solche Momente? Erzählt!

5. Wer stellt diese Erwartungen an euch?

6. Gibt es einen Grund, warum ihr genau euren Satz gewählt habt?

Ein-Flüsse

Großeltern
Horoskop
Mitschüler/Mitschülerinnen
Geschwister

ICH

Werbung
Eltern
Clique
Musik/Medien
Mode/Trends
Nachbarn
Verein
Lehrer
Gott/Jesus
Bibel

Lebe ich eigentlich selbst?
Oder werde ich gelebt?

Wer nimmt Einfluss?	Forderungen/ Angebote	deine Argumente dafür / dagegen	deine Entscheidung
Nachbarn	Du kannst ruhig Musik hören, wir wollen nur nicht gestört werden.	pro: Ich will keinen Ärger. kontra: Ich will Musik hören, wie es mir gefällt.	
Medien	Nimm uns! Bei uns ist immer was los!	pro: Ich will mitreden können! kontra: Ich will mich nicht dauernd berieseln lassen!	
Verein	Komm und mach mit!	pro: Hier finde ich Spaß und Freunde. kontra: Ich muss mich festlegen und regelmäßig hingehen.	
Lehrer	Lerne, was ich dir anbiete, du brauchst es für deine Zukunft!	pro: Ich will ja auch was Gescheites werden! kontra: Ich bin doch kein Streber!	
Horoskop	Hör auf uns, dann weißt du, was geschehen wird.	pro: Ich kann mein Leben auf das Vorhergesagte ausrichten. kontra: Ich mache mich in meinen Entscheidungen abhängig.	

1. Wasser bewegt sich in der Natur auf unterschiedliche Weise. Male Wasser in verschiedenen Bewegungsformen und schreibe jeweils passende Verben und Adjektive dazu.

2. Erkläre den Zusammenhang zwischen Ein*flüssen* und der Zeichnung oben auf der Seite.

3. Übertrage die Tabelle in dein Heft und fülle sie weiter aus. Entscheide dich, ob du den Forderungen nachkommen willst oder nicht. Du kannst die Tabelle auch ergänzen und in der linken Spalte eintragen, was dich beeinflusst.

Wie Gott mich sieht – Du bist einmalig

Nicht ihr habt mich erwählt,
sondern ich habe euch erwählt.

Psalm 139,14 (Lutherbibel)

Psalm 139,13 (Lutherbibel)

Denn du hast meine Nieren bereitet
und hast mich gebildet im Mutterleib.

Ich danke dir dafür, dass ich
wunderbar gemacht bin.

Deine Augen sahen
mich, als ich noch nicht
bereitet war …

Bei euch aber ist sogar jedes Haar
auf dem Kopf gezählt. Habt also
keine Angst: Ihr seid Gott mehr
wert als ein ganzer Schwarm
von Spatzen!

Psalm 91,11+12 (Lutherbibel)

Psalm 139,16a (Lutherbibel)

Alle Tage waren in dein Buch geschrieben, die noch werden sollten
und von denen keiner da war.

*Matthäus 10,30+31 (Gute
Nachricht in heutigem Deutsch)*

Psalm 139,16b (Lutherbibel)

Denn er hat seinen Engeln befohlen,
dass sie dich behüten auf allen deinen
Wegen, dass sie dich auf Händen tragen
und du deinen Fuß nicht an einen Stein
stoßest.

Johannes 15,16 (Zürcher Bibel)

1. Ordne die Sätze den Bibelstellen zu. Schreibe die Sätze mit den dazu gehörenden Stellen in dein Heft.

2. Betrachte das Bild auf der Seitenmitte. Was siehst du?
   a) Was könnte das Bild mit den Bibelstellen zu tun haben?
   b) Was erfährst du dabei über Gott?

3. Sammle Argumente für und gegen eine Entscheidung für ein Leben mit Gott. Trage sie in der Reihenfolge ihrer Wichtigkeit für dich in eine Tabelle ein.

Sich selbst finden, zu anderen finden, Gott finden

Wer bin ich? Sie sagen mir oft,
ich träte aus meiner Zelle
gelassen und heiter und fest,
wie ein Gutsherr aus seinem Schloss.

Wer bin ich? Sie sagen mir oft,
ich spräche mit meinen Bewachern
frei und freundlich und klar,
als hätte ich zu gebieten.

Wer bin ich? Sie sagen mir auch,
ich trüge die Tage des Unglücks
gleichmütig, lächelnd und stolz,
wie einer, der Siegen gewohnt ist.

Bin ich das wirklich, was andere von mir sagen?
Oder bin ich nur das, was ich selbst von mir weiß?
Unruhig, sehnsüchtig, krank, wie ein Vogel im Käfig,
ringend nach Lebensatem, als würgte mir einer die Kehle,
hungernd nach Farben, nach Blumen, nach Vogelstimmen,
dürstend nach guten Worten, nach menschlicher Nähe,
zitternd vor Zorn über Willkür und kleinlichste Kränkung,
umgetrieben vom Warten auf große Dinge,
ohnmächtig bangend um Freunde in endloser Ferne,
müde und leer zum Beten, zum Denken, zum Schaffen,
matt und bereit, von allem Abschied zu nehmen?

Wer bin ich? Der oder jener?
Bin ich denn heute dieser und morgen ein andrer?
Bin ich beides zugleich? Vor Menschen ein Heuchler
und vor mir selbst ein verächtlich wehleidiger Schwächling?
Oder gleicht, was in mir noch ist, dem geschlagenem Heer,
das in Unordnung weicht schon vor gewonnenem Sieg?
Wer bin ich? Einsames Fragen treibt mit mir Spott.
Wer ich auch bin, Du kennst mich, Dein bin ich, o Gott!

Dietrich Bonhoeffer

1. Dieses Gedicht hat Dietrich Bonhoeffer im Gefängnis geschrieben, kurz bevor er am 9. April 1945 von den Nationalsozialisten ermordet wurde. Trage in eine Tabelle ein, wie Bonhoeffer von seinen Mitgefangenen und Bewachern beschrieben wird (Fremdbild) und wie er sich selbst erlebt (Selbstbild).

Miteinander gehen – beieinander bleiben?

Mutter: Ach, du hast unser altes Fotoalbum aufgestöbert! Lass mich auch mal sehen.

Nadine: Das ist doch in unserer Kirche? Du hast richtig schick ausgesehen mit dem weißen Kleid und dem Schleier. So etwas hätte ich später auch mal gern. Wie alt warst du damals eigentlich?

Mutter: Bei unserer Hochzeit war ich gerade 23.

Nadine: Und Papa?

Mutter: Der war damals 25.

Nadine: Hihi, der sieht ja ziemlich witzig aus, der Paps. Die Frisur!!

Mutter: Ich fand ihn ganz toll.

Nadine: Hast du eigentlich vor Papa schon einen anderen Freund gehabt?

Mutter: Meine erste große Liebe hatte ich mit 14 – einer aus der neunten Klasse. Aber der wollte von mir nichts wissen, dem war ich anscheinend noch zu kindisch.

Nadine: Und ist nie was draus geworden?

Mutter: Einmal auf einer Party haben wir ganz lang zusammen getanzt. Aber das war's dann schon. Leider! Was ich wegen dem für Liebeskummer hatte!

Nadine: Und dann ist der Paps gekommen und hat dich getröstet?

Mutter: Nein, nein. Da gab's schon noch ein paar vorher. Vor allem der Karl-Heinz. Mit dem war ich über zwei Jahre eng befreundet – eigentlich so gut wie verlobt. Aber irgendwie war er doch nicht der Richtige. Gott sei Dank, dass ich's noch gemerkt habe.

Nadine: Aber dann hast du doch jetzt den Paps kennen gelernt? War er dein Märchenprinz?

Mutter: Am Anfang noch nicht mal so sehr. Er war halt in unserer Clique. Wir waren immer zusammen beim Sport, im Kino, auf Partys oder in Discos.

Nadine: Und wann hat's dann gefunkt?

Mutter: Das weiß ich noch ganz genau. Auf einem Rockkonzert von den Chefs hat er auf einmal ganz sacht seinen Arm um mich gelegt. Ich könnte dir noch genau das Lied sagen. Und von da an waren wir zusammen.

Nadine: Bis heute.

Nadine mit zwei Jahren

Mutter: Also, so einfach war's auch wieder nicht. Am Anfang war das mit unserer Clique noch ein Problem. Während ich gern allein mit Papa was unternehmen wollte, war der oft lieber mit den anderen zusammen. Und dann weißt du ja, wie eifersüchtig Paps ist. Da gibt's ja bis heute noch öfters Streit. Aber so ein bisschen Eifersucht schadet gar nichts – da merke ich wenigstens, dass er mich noch liebt.

Nadine: Und du, liebst du ihn auch noch?

Mutter: Ja, sehr. Vielleicht nicht mehr so schwärmerisch wie am Anfang, aber anders und vor allem kein bisschen weniger.

Nadine: Dass man jemanden so lange lieben kann, ohne dass es langweilig wird, kann ich mir überhaupt nicht vorstellen. Mir sind meine zwei Monate mit Ray ja schon wie eine Ewigkeit vorgekommen. – Hast du eigentlich dein Hochzeitskleid noch?

Mutter: Na klar. Willst du es sehen?

Wir heiraten!

Ob die Ringe passen?

Brautentführung

Die Volleyball-Clique

1. Nadines Mutter wollte lieber mit ihrem Freund zusammen sein, der Freund lieber mit der Clique. Sammelt Argumente für beide Positionen.

2. Nadine meint, Liebe wird mit der Zeit langweilig. Teilt ihr diese Meinung?

3. Schreibt in Kleingruppen eure Gedanken zu dem Thema „Freundschaft und Liebe" auf.

4. Schreibt jeder für sich und anonym Fragen und Erwartungen zu diesem Thema auf einen Zettel. Die Zettel werden eingesammelt, wieder verteilt und verlesen.

5. Gestaltet, Mädchen und Jungen getrennt, eine Collage zu dem Thema „Freundschaft und Liebe". Wo gibt es Gemeinsamkeiten, wo Unterschiede?

6. Sammelt oder schreibt Liebesgedichte. Macht einen Vorlesewettbewerb: „Das schönste Liebesgedicht".

Ich möchte einen Freund – ich möchte eine Freundin

Freitag, 13. September

Mein Glückstag – Alex hat mich gefragt, ob ich mit ihm gehen will. Und ich dumme Kuh hab gefragt, wohin!!! Peinlich, peinlich!!! Dann hab ich's gerafft und gesagt, ich überleg's mir. Natürlich sag ich: Ja! Obwohl ich eigentlich gar nicht weiß, was „miteinander gehen" genau bedeutet.

1. „Miteinander gehen", das bedeutet … Versucht, euch in Kleingruppen auf eine Antwort zu einigen.

Anfrage an Dr. Winter TEAM

Ilka, 14: Die meisten meiner Freundinnen haben schon einen Boyfriend und tauchen nur noch paarweise und Händchen haltend auf. Das nervt total. Wenn man keinen Freund hat, gehört man einfach nicht dazu. Auf Partys steht man oft allein rum – vor allem zum Schluss, wenn geknutscht wird. Deshalb hätte ich gern auch einen netten Freund. Aber bisher hat es noch nicht geklappt. Dabei sehe ich eigentlich nicht schlecht aus: schlank, blonde lange Haare, große blaue Augen – allerdings kaum Busen. Ob es daran liegt, dass sich keiner für mich interessiert?

Kevin, 15: Hallo, könnt ihr mir helfen? Ich wache morgens oft mit feuchter Hose auf. Ist

das normal? Ich habe leider noch nie eine feste Freundin gehabt, obwohl mir einige Mädchen, besonders in meiner Klasse, eigentlich sehr gut gefallen. Aber irgendwie traue ich mich nicht, eine mal zu fragen. Ich hätte so gern eine Freundin, damit ich dann auch mit ihr schlafen könnte. Bloß – wie lerne ich so jemanden kennen?

Maria, 13: Ich hätte so gerne einen festen Freund. Ich bin eigentlich ein romantischer Typ und es gibt so viele schöne Dinge, die ich gerne mit jemandem gemeinsam erleben würde. Ich sehne mich danach, mal einen süßen Jungen im Arm zu haben oder selbst

ganz lieb gedrückt zu werden. Ich würde gern mit ihm durch die Stadt bummeln, ins Kino gehen und ihm alles sagen können, was ich denke und fühle. Schon ein paar Mal hat mich einer gefragt, ob ich mit ihm gehen will – aber ich habe mich bisher nicht getraut, „ja" zu sagen. Meine Eltern meinen, ich sei noch viel zu jung für so was. Was meint ihr?

Dennis, 13: Alle meine Freunde gehen schon mit Girls – außer mir. Und ganz ehrlich, mich interessieren die Mädels nicht die Bohne. Ich spiele lieber Fußball (Auswahlmannschaft) oder fahre Rollerblades – vor allem zusammen mit meinen Freunden. Ist das normal oder meint ihr, ich bin vielleicht schwul?

1. Worin liegt jeweils das Problem der Briefeschreiber?

2. Aus welchen Gründen wollen Kevin, Ilka und Maria eine Freundin bzw. einen Freund? Was denkt ihr jeweils darüber? Sammelt weitere Gründe.

3. In der Bibel steht: Es ist nicht gut, dass der Mensch allein ist (1. Mose 2,18). Könnt ihr diesem Satz zustimmen? Überlegt euch in Partnerarbeit Argumente, die für und gegen diese Behauptung sprechen.

4. Ihr seid das Dr.-Winter-Team. Beantwortet in Kleingruppen jeweils einen der Briefe.

Liebe ist ...

Sven stößt bei seiner nachmittäglichen Tour im Internet auf einen „Love-Chatroom".
Da dies ein Thema ist, das ihn sehr interessiert, chattet er sofort mit.

Sven: Hi, wer ist denn alles da?
Peggy: Tag Sveni. Was suchst du denn im Love-Chat?
Rick: Was wird er denn in einem Love-Chat schon suchen? Mädels natürlich :-))
Sven: Ich weiß nicht so recht. Liebe halt.
Rick: Genau, Liebe. Das brauch ich auch, mindestens zweimal am Tag. Hat jemand Lust sich mit mir zu treffen? Mein Schlafzimmer ist voll verspiegelt <g>
Peggy: LOL Ey Rick, ich glaube, du bist hier falsch. :((Du musst in den Sex-Chat. Liebe heißt doch nicht nur, miteinander ins Bett zu gehen. Liebe ist viel mehr, ist sich miteinander treffen, füreinander da zu sein, was zusammen unternehmen, reden, sich auch mal Sorgen um den anderen zu machen, streiten und sich wieder versöhnen, Hand in Hand im Wald spazieren gehen, abends den Sternenhimmel betrachten, sich zu küssen … Das ist Liebe :-X
Mona: Wenn ich das alles lese, dann bin wahrscheinlich ich falsch hier. Ich bin Erzieherin in einem Waisenheim. Mir macht es nichts aus, den Kleinen den Popo sauber zu machen, die Nase zu putzen oder auch mal nachts, schon ganz müde, an ihrem Bett zu wachen, wenn sie krank sind. Und wisst ihr, warum ich das alles mache? Weil ich die kleinen Kinder liebe. Jedes Einzelne, mit seinen Eigenarten und Macken. Und vielleicht lieben mich ein paar von den kleinen Würmchen ja auch.
Rick: Sven, hilf mir! Du bist doch auch ein Mann. Wer hat Recht? Was ist Liebe?

1. Was verstehen Rick, Peggy und Mona jeweils unter Liebe? Welcher Meinung kannst du dich am ehesten anschließen? Vergleicht eure Meinungen.

2. Du bist Sven. Schicke eine Antwort.

Zuneigung, Erotik, Nächstenliebe, Sehnsucht, Geilheit, Geschwisterliebe, Selbstbefriedigung, Zärtlichkeit, Treue, Triebhaftigkeit, Begehren, Zuwendung, Sexualität, Rücksicht, Verantwortung …

Formen der Liebe

Unter Liebe kann man Verschiedenes verstehen. Zum Beispiel:
- helfende, fürsorgliche Liebe,
- körperliche Liebe und
- zärtliche, romantische Liebe.

Diese Formen der Liebe schließen sich gegenseitig aber nicht aus, sondern ergänzen sich.

3. Versucht, diesen Formen der Liebe zuzuordnen:
   – die Vorstellungen von Rick, Peggy und Mona;
   – die Begriffe auf dem Notizzettel.

4. Findet zu jedem Bereich zwei weitere Begriffe.

Liebesbilder und Liebeslieder

1. Betrachte das Bild in Ruhe. Was siehst du alles?

2. Was fällt dir besonders auf (Formen, Farben, Personen oder Symbole)?

3. Welche Aussagen vermittelt das Bild? Belege diese Aussagen durch einzelne Bildelemente.

4. Wie ist die Beziehung der beiden Menschen zueinander dargestellt? Wenn die Personen sprechen könnten, was würden sie sich sagen?

5. Mann und Frau sind sich nicht selbst überlassen. Gott hält sie. Was bedeutet das für eine Beziehung?

6. Gib dem Bild einen Titel.

Das Hohelied der Liebe

Komm doch und küss mich!
Deine Liebe berauscht mich
mehr noch als Wein.
Komm, lass uns eilen,
nimm mich mit dir nach Hause,
fass meine Hand.

Preisen will ich deine Schönheit,
du bist lieblich, meine Freundin!
Deine Augen sind wie Tauben,
flattern hinter deinem Schleier.
Wie die Herde schwarzer Ziegen
talwärts vom Berg Gilead zieht,
fließt das Haar auf deinen Schultern.

Mein Liebster ist blühend und voller Kraft,
nur einer von Tausenden ist wie er!
Ganz weiß sind seine Zähne, als hätten sie
gebadet in Bächen von reiner Milch.
Wie Lilien leuchtet sein Lippenpaar,
das feucht ist von fließendem Myrrhenöl.
Sein Mund ist von Süße, wenn er mich küsst –
ja alles an ihm ist begehrenswert.

Du bist schön, wie keine andere,
dich zu lieben macht mich glücklich!
Schlank wie eine Dattelpalme
ist dein Wuchs, und deine Brüste
gleichen ihren vollen Rispen.
Auf die Palme will ich steigen,
ihre süßen Früchte pflücken,
will mich freuen an deinen Brüsten,
welche reifen Trauben gleichen.

> Das „Hohelied" steht im Alten Testament. Es ist eine Sammlung von Liebesliedern voller Zärtlichkeit, Sinnlichkeit und Erotik. Zwei Verliebte freuen sich aneinander und sehnen sich nach körperlicher Liebe.

1. Schlagt die Bibel auf und lest im Hohenlied. Welche Bilder und Vergleiche werden in dem Text gebraucht? Das Hohelied ist voller Farben, Gerüche, Geschmack und voller Bewegung. Sucht dafür im Text jeweils Beispiele.

2. Versuche es einmal selbst: Vervollständige die nächsten Sätze und füge jeweils einen weiteren poetischen Satz hinzu:
   Deine Augen sind (wie) … . Sie … .
   Dein Blick ist (wie) … . Er … .
   Dein Haar ist (wie) … . Es … .

3. Bringt euer schönstes Liebeslied mit. Erstellt eine Liebesliederhitparade.

> *Montag, 23. September*
>
> *Habe mich mit Alex im Eiscafé verabredet. Er ist so süß! Hat den Arm um mich gelegt und mich geküsst. Aber wie!! Er riecht so gut – und seine Augen! Schmetterlinge im Bauch, wenn ich an ihn denke – und nicht nur im Bauch!!!*

4. Jenny ist verliebt. Ihr geht es super. Sie hat „Schmetterlinge im Bauch". Sucht weitere Bilder und Vergleiche, um das schöne Gefühl der Verliebtheit zu umschreiben.

5. Schreibt den Tagebucheintrag so um, wie ihn der Schreiber des Hohenliedes vermutlich geschrieben hätte. Oder verfasst selbst ein kleines Liebesgedicht nach dem Muster des Hohenliedes.

Kennen lernen – aber wie?

1. Beschreibt die Situation.
2. Berichtet von eigenen Erfahrungen.
3. Spielt die Szene. Die Rolle des Jungen soll dabei von einem Mädchen und die Rolle des Mädchens von einem Jungen gespielt werden.
4. Beobachtet die beiden Darsteller in zwei Gruppen. Die Mädchen beobachten den Jungen, die Jungen das Mädchen: Verhalten sie sich richtig? Warum? Warum nicht? Wie verhält man sich richtig? Was sagt man, was sagt man nicht?

Eine Jugendzeitschrift hat für Mädchen sieben Tipps zum Kennenlernen vorgestellt:

♥ Sei bewusst freundlich. Zeig ihm: Ich mag mich, mir geht's prima.

♥ Zeige dich „Ihm" möglichst in einer Gruppe, in der man dich mag. Denn: Wer von anderen geschätzt wird, wird als „wertvoll" erlebt.

♥ Erzähle von dir. Keine Angst, das wirkt nicht arrogant, sondern zeigt Selbstbewusstsein.

♥ Spiel nicht die Prinzessin, die auf den Prinzen wartet. Geh auf den Jungen zu und sag: „Ich finde dich nett. Ich möchte dich näher kennen lernen."

♥ Signalisiere klar, was du magst und was du nicht magst. Damit demonstrierst du, dass du genau weißt, was du willst.

♥ Interessiere dich für seine Interessen und Hobbys. Frage nach.

♥ Fass den Jungen an! Berühre wie zufällig seine Hand. Streichle ihm über den Arm. Box ihn an die Schulter.

1. Was haltet ihr von diesen Tipps?

2. Diskutiert sie in Mädchen- und Jungen-gruppen und legt eine Reihenfolge entsprechend ihrer Wichtigkeit fest. Welche Tipps erscheinen euch überflüssig, welche könnt ihr noch ergänzen?
Vergleicht eure Ergebnisse und erstellt eine gemeinsame Liste: „Die zehn wichtigsten Kennenlern-Tipps für Mädchen".

3. Erarbeitet ebenfalls in Mädchen- und Jungen-Gruppen „Kennenlern-Tipps für Jungen". Welche könnt ihr übernehmen? Welche würdet ihr abwandeln? Welche kommen für Jungs neu dazu? Vergleicht eure Ergebnisse und erstellt eine gemeinsame Liste: „Die zehn wichtigsten Kennenlern-Tipps für Jungs".

4. Spielt die Szene noch einmal und orientiert euch dabei an den Kennenlern-Tipps.

5. Gute Annäherungssituationen – schlechte Annäherungssituationen: Ordnet zu und ergänzt:

   – in der Disco
   – wenn Mädchen oder Jungen in Gruppen zusammen sind
   – wenn viele zusehen oder zuhören
   – beim Zugfahren.
   – …

Dienstag, 8. Oktober

Ganz langer Spaziergang mit Alex im Park. Er hat ein Herz in einen Baumstamm geschnitzt, mit unseren Anfangsbuchstaben: „JA"!!! Geküsst, gestreichelt – total verliebt. Er hat mir ein Freundschaftbändchen geschenkt! Will ihm auch was Besonderes schenken, aber was?
Abends: Alex hat angerufen. Am Wochenende sind seine Eltern verreist. Ob ich zu ihm nach Hause komme. Kuschelrock und Kerzenlicht. Weiß nicht, ob ich hin soll. Komisch, und dabei liebe ich ihn doch so. Hab ein bisschen Angst. Wovor?

1. Gestalte ein phantasievolles „Liebesherz", in deinem Heft.

2. Lies Jennys Tagebucheintrag vom 8. Oktober. Soll sie am Wochenende zu Alex nach Hause gehen? Schreibt in Kleingruppen, die nur aus Mädchen oder Jungs bestehen, jeweils einen Brief, in dem ihr Jenny einen Rat gebt. Vergleicht eure Ratschläge.

Traummann – Traumfrau

Isa, 14: Suche süßen Jungen, zwischen 15 und 17 Jahren, gut aussehend, schlank, groß, sportlich, blond, blaue Augen. Er sollte romantisch veranlagt sein und mich beschützen können. Ich sehe gut aus, spiele Tennis, tanze gerne, gehe gern aus und habe immer gerne viele Menschen um mich herum.

Boris, 19: Suche Traumfrau, evtl. auch zum Heiraten. Sie sollte kochen können, Kinder gern haben und einen Haushalt gut führen können. Ich bin gelernter Dachdecker, zurzeit leider arbeitslos. Mein Hobby ist Modellbau – vor allem Schiffe.

Alex, 15: Wo ist mein Dreamgirl? Wer ist zwischen 14 und 18 Jahren, blond, schlank, aber mit Busen, hat ewig lange Beine und trägt gerne schicke Klamotten und keine Brille – bitte melden! Ich bin 180 cm groß, spiele Basketball und fahre einen Motorroller.

Ann-Katrin, 17: Suche ordentlichen Jungen, der einen guten Beruf hat. Er sollte Nichtraucher und evangelisch sein, gerne lesen und mir treu sein. Ich lerne zurzeit Zahnarzthelferin. Meine Hobbys sind Lesen und Singen.

1. Welche Wünsche werden jeweils an den gesuchten Partner gestellt? Was wird jeweils über die eigene Person ausgesagt?

2. Wie sollte dein Traumboy/Traumgirl sein? Lege eine Tabelle „So sollte mein Traumboy/Traumgirl sein" mit vier Spalten an: Auf jeden Fall / das wäre schön / das würde ich nicht so mögen / auf keinen Fall.

3. Was kannst du einem Freund, einer Freundin geben? Schreibe auf: Was ich gut kann und was ich an mir mag – was ich an mir nicht so sehr mag.

4. Schreibe eine Anzeige für deinen Traumboy bzw. dein Traumgirl.

5. Diskutiert in Gruppen, welche Vor- und Nachteile sich daraus ergeben, wenn man sich solch konkrete Vorstellungen von einem Freund bzw. einer Freundin macht.

„Ich will so bleiben, wie ich bin"?

Celine sieht gut aus, tanzt gern, geht gern in Discos und auf Partys, kleidet sich elegant und legt viel Wert auf ihr Äußeres. Mit 16 Jahren beginnt sie eine Lehre als Kosmetikerin.

Zu der Zeit verliebt sie sich in Atze. Atze ist 18, hat schulterlanges Haar, trägt gerne alte Jeans, T-Shirts und Schlabberpullis, Cowboystiefel oder Turnschuhe. Er liest gern, spielt Fußball in einer Oberliga-Mannschaft und ist gern mit den Kumpels seiner Motorradclique zusammen. Tanzen und Smalltalk sind nicht so seine Stärken.

Weil auch Atze Celine sehr liebt, will er ihr gefallen. Er kauft sich neue Kleider, elegante Hosen, schöne Sakkos und italienische Schuhe. Er trifft sich immer weniger mit seinen Freunden und hört mit dem Fußballspielen auf. Stattdessen begleitet er Celine auf Partys und besucht einen Tanzkurs. Auf Celines Drängen lässt er sich die Haare schneiden.

Nach zwei Jahren lernt Atze Mandy kennen. Mandy macht gerade den Motorradführerschein. Mandy kleidet sich eher leger, fällt nicht so durch ihr Äußeres auf, kann aber schlagfertig und witzig sein. Sie hört gern Hardrock und spielt Handball. Atze verliebt sich in Mandy. Er trennt sich von Celine und verbrennt in einer symbolischen Aktion seine Designerklamotten. Er bringt sein altes Motorrad wieder auf Vordermann und beginnt, in der zweiten Mannschaft wieder Fußball zu spielen. Mandy schaut öfters zu.

1. Warum ist die Beziehung zwischen Atze und Celine gescheitert? Wer war schuld?

2. Wer war Atzes Traumfrau? Überlegt euch in Kleingruppen, wie es möglich ist, dass Atze sich in zwei so unterschiedliche Typen wie Celine und Mandy verlieben kann.

Liebe ich dich so, wie du bist?

Nora: Wenn ich einen anderen Menschen wirklich liebe, dann will ich ihn nicht verändern, sondern ich akzeptiere ihn so, wie er ist.

Cedrik: Nein, wirklich lieben heißt zu wissen, was für den anderen gut ist. Dann darf ich auch versuchen, ihn zu verändern.

Nora: Dann liebe ich doch aber in Wirklichkeit nicht den Menschen, den ich kennen gelernt habe, sondern irgendein Idealbild, das ich mir von ihm gemacht habe.

Cedrik: Vielleicht kenne ich ihn aber viel besser, als er sich selbst. Wenn ich ihn dann nicht verändern wollte, wäre ich gleichgültig und bequem.

3. Fasst die Meinungen von Nora und Cedrik in eigenen Worten zusammen. Wer hat Recht? Diskutiert darüber in Kleingruppen.

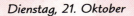

Dienstag, 21. Oktober

Bin verzweifelt. Alex hat sich seit einer Woche nicht mehr gemeldet. Ich Kuh, warum bin ich auch am Wochenende nicht zu ihm hingegangen? Und die größte Katastrophe: Verena hat erzählt, dass sie ihn zweimal mit der blöden Hatice gesehen hat – einmal sogar Hand in Hand! Könnte ihr die Augen auskratzen!!! Werde noch mal einen Versuch machen – vielleicht einen Freundschaftsring schenken? So einen wie Alex finde ich nie mehr. Lieber Gott, bitte mach, dass alles wieder gut wird!

4. Jenny betet in ihrer Not zu Gott. Was denkt ihr darüber? Was erwartet Jenny von Gott?

5. Soll Jenny versuchen, die Beziehung zu retten? Wie soll sie sich Alex gegenüber verhalten?

6. Du bist Jennys beste Freundin bzw. bester Freund. Was rätst du ihr? Spiel ein „Beratungsgespräch".

Beziehungen können auseinander gehen

Freitag, 25. Oktober

Alex ist der größte Mistkerl südlich vom Nordpol! Hab ihn heute mit Hatice in unserem Eiscafé gesehen. Eng umschlungen! Ich bin nur froh, dass ich mit diesem Idioten nicht gepennt habe. Morgen hack ich den Baum mit dem Herz ab. Der hat es doch nie ernst mit mir gemeint. Schade, denn eigentlich hatte ich gedacht, das könnte einer sein für immer. Ich kann mir nicht vorstellen, dass ich mich je wieder in jemanden so verliebe. Und ich will's auch nicht! Nie mehr!!!

1. Jenny will die Sache nicht so auf sich beruhen lassen. Stell dir vor, du bist Jenny. Schreibe einen Brief an Alex.

2. Jenny hat mit Alex telefonisch ein Gespräch ausgemacht. Spielt dieses Gespräch unter zwei verschiedenen Voraussetzungen:

   a) Jenny will die Beziehung beenden, aber Alex sagt, dass er sie immer noch liebt und dass das mit Hatice nur ein einmaliger Ausrutscher war – vielleicht auch deswegen, weil Jenny nicht zu ihm nach Hause gekommen ist.

   b) Jenny beendet die Beziehung und fragt ihn, warum es zwischen den beiden nicht geklappt hat.

Meint es der andere ernst?

Einen zuverlässigen Partnerschaftstest gibt es nicht. Einige Hinweise können dir jedoch helfen, dein eigenes sowie das Verhalten anderer kritisch zu überprüfen:

1. Erzählt dein Partner dir von sich selbst? Spricht er von seinen Gefühlen, seinen Plänen?

2. Führt dein Partner dich in seinen Bekanntenkreis ein? Wie behandelt er dich in der Gegenwart anderer?

3. Hält dein Partner seine Versprechen ein? Ist er pünktlich? Kannst du dich auf ihn verlassen?

4. Achtet dein Partner deine Gefühle? Gibt er sich Mühe, dich in deinen Wünschen und Erwartungen zu verstehen?

5. Wie oft unternehmt ihr Dinge gemeinsam? Wie bist du an den Plänen und Vorhaben deines Partners beteiligt?

6. Wirbt dein Partner um dich? Ist er besorgt um dich? Überrascht er dich manchmal mit kleinen Geschenken?

7. Wie zärtlich ist dein Partner mit dir? Achtet er deinen Körper? Geht er auf deine Gefühle ein?

8. Wie steht dein Partner zur Sexualität? Hört er auf deine Wünsche? Äußert er seine eigenen Erwartungen? Handelt er verantwortlich sich selbst und dir gegenüber?

Freundlichkeit,
Rücksichtnahme,
Intelligenz,
Verantwortungsgefühl,
Humor,
Ehrlichkeit,
Spontanität,
Zuverlässigkeit,
Streitbereitschaft,
Versöhnungsbereitschaft,
Treue,
Geduld

1. Sprecht in Kleingruppen über diese Hinweise. Überprüft sie anhand eigener Erfahrungen oder denkt an Beziehungen von Bekannten.

2. Denke darüber nach, inwieweit dein Verhalten diesen Kriterien entspricht.

3. Welche Kriterien sind für eine gute Beziehung wichtig? Einigt euch in Partnerarbeit auf eine Rangfolge der Begriffe in der Randspalte. Gibt es noch andere Kriterien?

Interview mit der Psychologin Frau Dr. von Tröste:

Frage: **Warum tut Liebeskummer so weh?**

Dr. von Tröste: Jede Trennung ist eine Zurückweisung: „Ich verabschiede mich von dir, weil du mir nicht mehr genügst." Für den Verlassenen ist dies ein unvorstellbarer Schmerz.

Frage: **Männer und Frauen – Für wen ist Liebesleid schlimmer?**

Dr. von Tröste: Beide leiden sicherlich gleich stark – aber auf unterschiedliche Art. Frauen fallen stärker in Depressionen und quälenden Selbstzweifel – sie suchen die Schuld bei sich selbst. Männer versuchen, ihren Kummer zu verdrängen, stürzen sich in Arbeit oder sexuelle Abenteuer.

Frage: **Gibt es „Trostpflaster" für das verwundete Herz?**

Dr. von Tröste: 48 % der Männer betrinken sich erst einmal. Frauen suchen Trost bei Schokolade und Chips (64 %) oder klagen ihr Leid einer Freundin (73 %). Nur 40 % der Männer suchen dagegen den Rat eines Freundes.

Frage: **Wie kommt man am schnellsten über den Trennungsschmerz hinweg?**

Dr. von Tröste: Erst mal leiden – den Schmerz ausleben. Nicht im Hass auf den anderen versinken, sondern auch überlegen, welche Fehler man selbst vielleicht gemacht und ob man überhaupt zusammengepasst hat.

1. Sammelt an der Tafel Begriffe zum Thema „Liebeskummer".

2. Wie gehen Männer und Frauen mit Liebeskummer um? Teilt ihr die Einschätzungen der Psychologin?

3. Welche Erfahrungen habt ihr mit Liebeskummer? Tauscht euch in Kleingruppen – Jungen und Mädchen getrennt – darüber aus.

4. Was rät die Psychologin, um über einen Trennungsschmerz hinwegzukommen?

Fünf Phasen des Liebeskummers

1. **Nicht-wahr-haben-Wollen:** „Vielleicht wird's doch noch mal was."
2. **Aggression:** „Er/Sie taugt sowieso nichts."
3. **Traurigkeit:** „Ich werde mich nie mehr verlieben."
4. **Reflexion:** „Was habe ich falsch gemacht?"
5. **Akzeptanz:** „Es ist, wie es ist. Ich kann mich wieder neu verlieben!"

Mit Phase 5 ist fast alles überstanden!

5. Ordnet Jennys Tagebucheinträge den „Fünf Phasen des Liebeskummers" zu.

6. Gestaltet einen „Fotoroman" entsprechend den Tagebucheinträgen zu der Liebesgeschichte zwischen Jenny und Alex.

Montag, 8. Dezember
Ole, unser neuer Mitschüler, hat gefragt, ob ich mit ihm auf eine Party gehe. Bin ganz kribbelig und gespannt, was passiert. Lieber Gott, ich dank dir so, dass es mir wieder besser geht! – Was soll ich bloß anziehen?

Nachgeben oder sich durchsetzen?

1. Was ist auf dieser Doppelseite dargestellt?

2. Wann spricht man von einem Konflikt?

3. Beschreibt die Konflikte, die auf dem Lebensweg dargestellt sind.
   Welche Konflikte könnten in der Zukunft noch entstehen?
   Wie verändern sich die Konflikte, wenn man älter wird?

4. Male deinen Lebensweg und trage Konfliktsituationen ein, die für dich bisher wichtig waren.

5. Welches waren bisher eure schlimmsten Konflikte?
   Sprecht über eure Erfahrungen mit „nachgeben oder sich durchsetzen" im Umgang mit
   Konflikten.

6. Sammelt Fragen und Erwartungen, die euch zu diesem Thema interessieren.

Konflikte gehören zum Leben

① Letzte Mathematikarbeit vor den Ferien. Jessica hat nichts gelernt, weil sie gestern lieber ins Schwimmbad und abends in die Disco gegangen ist. Kemal wäre auch lieber schwimmen gegangen, aber er ist zu Hause geblieben und hat den ganzen Nachmittag geübt. Jetzt will Jessica von Kemal abschreiben. Kemal lässt sie nicht …

② Tarifverhandlungen zwischen Arbeitgebern und Arbeitnehmern. Die Arbeitnehmer fordern 8 Prozent mehr Lohn, die Arbeitgeber wollen höchstens 2 Prozent mehr geben. Keine Partei gibt nach …

③ 7.00 Uhr, der Wecker klingelt. Nora ist erst um 3 Uhr von einer Party nach Hause gekommen und noch sehr müde. Alle anderen Haushaltsmitglieder können ausschlafen, nur Nora hat in der ersten Stunde Religion. Nora kämpft mit sich, ob sie hingehen oder noch ein Stündchen weiterschlafen soll …

④ Ole ist neu in der 8a und wird zum ersten Mal zu einer Klassenparty eingeladen. Die Stimmung ist gut. Plötzlich wird ein Joint herumgereicht. Alle rauchen davon. Tina gibt Ole den Joint. Ole hat eigentlich keine Lust …

Ⓒ

Die Erdöl exportierenden Länder beschließen, den Ölpreis zu verzehnfachen. In vielen westlichen Ländern droht deshalb eine Energiekrise. Diese wollen das nicht hinnehmen und mobilisieren ihre Armeen …

Ⓓ

Ⓔ

Konflikte gibt es überall auf der Welt und auf verschiedenen Ebenen:

1. in einer Person,
2. zwischen zwei Menschen,
3. zwischen einem Menschen und einer Gruppe,
4. zwischen Gruppen,
5. zwischen Völkern.

1. Ordnet die Fotos und Fallbeispiele diesen fünf Konflikt-Ebenen zu. Findet in Partnerarbeit für jede Ebene ein weiteres Beispiel.

2. Sammelt Konflikte, die ihr schon erlebt habt. Welchen Konfliktebenen sind eure Konflikte jeweils zuzuordnen?

Umgang mit Konflikten

Wann kommt es zu Konflikten?

Als Anna nach zwei Wochen aus dem Landschulheim zurück-
kommt, erfährt sie, dass Simone, ihre beste Freundin, sich an
ihren Freund Dirk rangemacht hat. Dirk macht Schluss mit
Anna und geht jetzt mit Simone. Anna stellt Simone zur Rede.

Der Konfirmandenunterricht dauert bis 17.00 Uhr. Das Fußballtraining beginnt
bereits eine halbe Stunde früher, um 16.30 Uhr. Deine Pfarrerin besteht darauf,
dass du regelmäßig bis zum Ende der Stunde bleibst. Der Trainer hat dir gesagt,
dass du gar nicht erst kommen brauchst, wenn du nicht pünktlich da bist. Beide
Termine können nicht verschoben werden. Du willst natürlich am Ende der
Konfirmandenzeit konfirmiert werden, du willst aber auch mit deinen Freunden
in der Fußballmannschaft mitspielen.

1. Sprecht über die dargestellten Konflikte. Stellt für jeden Konflikt in einem Schaubild mit
   Pfeilen dar, welche Interessen jeweils aufeinander prallen.

2. Erstelle ein weiteres Schaubild zu einem Konflikt, den du selbst erlebt hast.

> Menschen haben verschiedene Meinungen und Interessen. Wenn verschiedene
> Meinungen oder Interessen aufeinander prallen, kann ein Konflikt entstehen.
>
> Es ist nicht schlimm, Konflikte zu haben. Konflikte gehören zum menschlichen
> Zusammenleben dazu. Entscheidend ist, wie man mit den Konflikten umgeht.

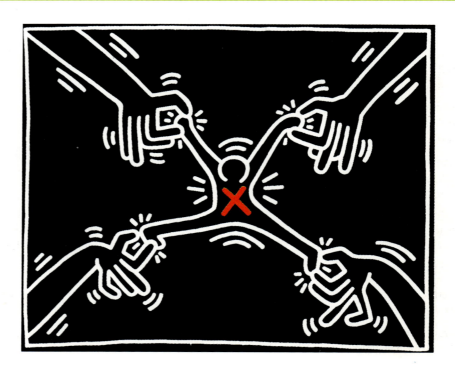

Eine Konfliktsituation – mehrere Handlungsmöglichkeiten

1. Deute das Schaubild.

2. Bei jedem Konflikt gibt es verschiedene Handlungsmöglichkeiten. Diese können jeweils verschiedene Folgen haben.
   Beschreibe die dargestellte Konfliktsituation. Welche Handlungsmöglichkeiten und Folgen sind jeweils abgebildet? Welche Möglichkeiten gibt es außerdem?

3. Beschreibe jede Handlungsmöglichkeit in einem Satz. Übertrage das Schaubild in dein Heft und schreibe die verschiedenen Handlungsmöglichkeiten in die einzelnen Kästen.

4. Überlege dir einen Konflikt, den du selbst erlebt hast. Erstelle dazu ein Schaubild, bei dem die verschiedenen Handlungsmöglichkeiten und Folgen deutlich werden.

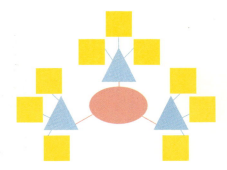

Jesus und seine Jünger haben sich in den Garten Gethsemane zurückgezogen. Die Jünger sind zum Teil bewaffnet. Jesus ahnt, dass er verhaftet werden soll. Da nähern sich die Soldaten.

5. Erstelle zu diesem Konflikt ein Schaubild nach dem vorgegebenen Beispiel. Überlegt euch in Partnerarbeit mindestens zwei Handlungsmöglichkeiten mit entsprechenden Folgen.

6. Lies in der Bibel bei Matthäus 26,47–56 nach, wie die Geschichte mit Jesus weiterging. Warum entschied sich Jesus wohl so?

Konflikte lösen

Streiten – aber wie?

① Daniel hört in der Hofpause, wie sich Mike mit einigen Klassenkameraden für den Abend zum Kino verabredet. Daniel würde gern mitgehen, aber niemand spricht ihn an. Was soll er tun?

A. Er denkt: „Die wollen mich sicher nicht dabei haben, sonst hätten sie mich gefragt." Er sagt nichts zu den anderen und geht nach Hause. Abends schaut er ein bisschen fern und liest dann Comics.

B. Daniel ruft zu der Gruppe, die sich gerade lebhaft unterhält: „Hey, nehmt ihr mich auch mit heute Abend?" Niemand antwortet ihm. „Selber schuld, wenn ihr mich nicht wollt, ihr Deppen", denkt er und trottet davon.

C. Daniel wartet, bis es läutet. Dann sagt er zu Mike: „Ich würde heute Abend gern mitgehen. Was meinst du dazu?" Dabei schaut er Mike an.

② Nadine und Stefanie sind gute Freundinnen. Sie reden über alles und vertrauen einander viel Persönliches an. Neulich hat Nadine entdeckt, dass Stefanie sich für den dunkelhaarigen Tonio interessiert. Nadine merkt, dass Stefanie nicht darüber reden will. Stefanie trifft sich immer weniger mit Nadine und dafür häufiger mit Tonio. Wie soll sich Nadine verhalten?

A. Sie sagt: Toll, dein neuer Freund! Wie ist er denn so?

B. Sie sagt Stefanie, was sie bemerkt hat. Es sei ihr aber egal, dass Stefanie Geheimnisse vor ihr habe. Und so ein Macho-Typ wie der Tonio könne ihr dreimal gestohlen bleiben. Nadine zieht sich von Stefanie zurück.

C. Sie denkt: „Das hat ja so kommen müssen. Ich bin halt nicht so hübsch wie Stefanie." Zu Stefanie sagt Nadine nichts.

③ Heiko kommt von der Schule nach Hause. Seine Mutter ist gerade dabei, den pfeifenden Dampfkochtopf vom Herd zu nehmen. Gleichzeitig klingelt das Telefon und das kleine Schwesterchen fängt an zu schreien. In diese hektische Stimmung hinein ruft Heiko: „Ah Mam, dass ich's nicht vergesse: Du musst mir noch zwanzig Euro für den Klassenausflug geben!" Heikos Mutter gereizt: „Aber sicher nicht jetzt!" Wie reagiert Heiko?

A. Man wird doch noch um etwas bitten dürfen. Dann sag ich halt in der Schule, dass ich nicht mitgehen darf.

B. Sorry, ich habe gar nicht bemerkt, dass du es gerade stressig hast. Hast du nach dem Mittagessen ein bisschen Zeit?

C. Wenn ich mal was brauche … Wenn es das liebe Annalein gewesen wäre, hättest du natürlich sofort Zeit.

1. Welche Lösungen findet ihr gut, welche nicht? Begründet eure Meinung.

2. Nicht jeder Weg führt zu einer langfristigen Bewältigung des Konflikts. Warum handeln Menschen manchmal trotzdem so?

3. Wie muss eine Konfliktlösung aussehen, damit sie den Konflikt auch wirklich langfristig bewältigt?

Konfliktgewitter — Wüste der Sprachlosigkeit — Sumpf der Beschuldigungen — Gebirge der Sturheit — Dickicht des Nichtverstehens

Klare Absprachen — Keine Beschuldigungen — Offenes Ansprechen der Probleme — Bedürfnisse und Interessen des Anderen — Kein Sieger und kein Verlierer

Garten des Kompromisses — Fluss des Gesprächs — Wiese der Versöhnung

1. Der Weg zur Konfliktlösung führt durch schwieriges Gelände. Erklärt die Gefahren und Chancen der jeweiligen Gebiete. Die Wegweiser können in diesem schwierigen Gelände helfen. Erklärt sie jeweils mit konkreten Beispielen.

2. Du hast mit deinen Eltern ausgemacht, spätestens um 22 Uhr zu Hause zu sein. Du kommst erst um 23.30 Uhr. Deine Eltern sind noch wach und machen dir eine Szene.
   Arbeitsteilige Gruppenarbeit:
   a) Spielt die Situation, ohne euch an die Wegweiser zu halten.
   b) Spielt die Situation unter Beachtung der Wegweiser.
   c) Vergleicht den Verlauf und das Ergebnis der Gespräche.

Fünf Regeln zum Streiten:

1. Sprich dein Problem offen an und suche dabei den Blickkontakt zu deinem Gegenüber.
2. Sprich in der Ich-Form, bleibe beim Thema und vermeide Beschuldigungen.
3. Gib dem anderen die Möglichkeit, seine Bedürfnisse und Interessen auszudrücken und gehe auf sie ein. Lass ihn ausreden und sage ihm, was du verstanden hast.
4. Suche mit deinem Konfliktpartner Lösungsmöglichkeiten, die für beide annehmbar sind. Es soll keinen Sieger und keinen Verlierer geben.
5. Trefft eine klare Abmachung.

3. Gestaltet in Kleingruppen zu jeder der drei Konfliktsituationen von „Streiten – aber wie?" ein Rollenspiel. Die Spieler bemühen sich, die fünf Streitregeln einzuhalten. Die Beobachter notieren die Regelverstöße.

4. Wie schätzt ihr die Möglichkeit ein, diese Regeln im alltäglichen Leben anzuwenden?

5. Ist jeder Konflikt mit Hilfe dieser Regeln lösbar?

Strafen, vergeben, neu anfangen

> Hallo Melanie,
>
> Montag, 3. Juni
>
> ich heiße Mirko, bin 17 Jahre alt und habe deine Adresse aus der Bravo. Du hast geschrieben, du hättest gerne einen Brieffreund. Ich wäre gern dein Brieffreund, allerdings weiß ich nicht, ob es dir etwas ausmacht, dass ich zurzeit im Knast bin. Wenn dich das nicht abschreckt, kannst du mir ja schreiben.
>
> Mirko

1. Mirko befürchtet, dass Melanie ihm nicht zurückschreibt, weil er im Knast ist.
   a) Welche Gründe könnte Melanie haben, wenn sie ihm nicht zurückschreibt?
   b) Welche Gründe könnten sie bewegen, ihm doch zu schreiben?
   c) Wie hättet ihr euch an Melanies Stelle verhalten? Begründet eure Entscheidung.

Donnerstag, 27. Juni

Hallo Melanie,

ich habe mich sehr über deinen Brief gefreut. Ich kann verstehen, dass du noch nicht weißt, ob du mir weiter schreiben wirst, und dass du viele Fragen hast. Ich will versuchen, diese möglichst ehrlich zu beantworten.

Ich lebe in einer Zweierzelle. 3,6 Meter lang, 2,8 Meter breit, mit Stockbett, Schrank, Tisch, Waschbecken und Kloschüssel.

Es ist schon ein mieses Gefühl, wenn alle Türen hinter dir abgeschlossen werden. Man kann nicht raus, wenn man will, und man kann den Leuten hier drinnen auch nicht ausweichen. Nicht mal auf dem Klo ist man allein. Mein Mitbewohner geht mir total auf die Nerven. Er stinkt, schnarcht und redet den ganzen Tag nur dummes Zeug.

Was ich den ganzen Tag so mache? Nicht viel! Um 6.30 Uhr ist Wecken, da geht das Licht an. Um 7 Uhr gibt's Frühstück (Brot, Butter, Marmelade, Wurst — jeden Tag das gleiche), um 7.30 Uhr beginnt die Arbeit. Acht Stunden Löcher in ein Blech stanzen, Stundenlohn 1,05 Euro. Um 12 Uhr gibt's Mittagessen und eine Stunde Pause. Um 17 Uhr haben wir eine Stunde Hofgang, um 18 Uhr Abendessen. Danach geht's in die Zellen. Abends ist zwei Stunden „Zusammenschluss". Da sind die Zellen auf und wir dürfen auf dem Stockwerk rumlaufen, im Gemeinschaftsraum steht sogar eine Glotze. Da gibt's meistens Stress, welches Programm geguckt werden soll. Um 22.30 Uhr gehen die Lichter aus.

Vermutlich werde ich in vier Jahren entlassen. Ob ich eine Freundin habe? Das weiß ich selbst nicht so genau. Eigentlich ja, aber seit ich hier bin, hat sie sich noch nie gemeldet.

Mirko

PS: Ich lege dir ein paar Fotos von hier bei.

2. Wie sieht Mirkos Tagesablauf im Gefängnis aus? Erstellt einen Plan.

3. Mirko hat einige Fotos beigelegt. Beschreibt, was darauf zu sehen ist.

4. Seit er im Gefängnis ist, hat sich Mirkos Freundin nicht mehr bei ihm gemeldet. Was könnten die Gründe dafür sein?

5. In vier Jahren wird Mirko vermutlich entlassen. Welche Probleme könnten dann auf ihn warten?

Strafen – wozu?

Donnerstag, 4. Juli

Hallo Melanie,

Du hast dich also vom Knast doch nicht abschrecken lassen. Find ich stark!
Dein Bild habe ich in meiner Zelle aufgehängt. Du siehst super aus!
Zu deinen Fragen:
Ich wurde wegen wiederholter Körperverletzung zu einer Jugendhaftstrafe von vier Jahren verurteilt. Ich finde das voll ungerecht. Schließlich wurde ich jedes Mal provoziert und man muss sich schließlich doch wehren! Und was soll der Knast überhaupt? Hier sind viele, die viel schlimmere Sachen gemacht haben als ich. Von denen kann ich noch viel lernen. Soll das der Sinn meiner Strafe gewesen sein?

Mirko

1. Was würdet ihr Mirko antworten?

Claudia B. ist 18 Jahre alt. Sie arbeitet als Hilfsarbeiterin in einer Fabrik.

Dirk T. ist 22 Jahre alt. Er ist Gelegenheitsarbeiter ohne festen Wohnsitz. Er hat schon mehrmals wegen kleinerer Diebstahlsdelikte vor Gericht gestanden. Jedes Mal wurde die Strafe zur Bewährung ausgesetzt.

Erik F. ist 16 Jahre alt. Er besucht noch die Hauptschule.

Jan P. ist 26 Jahre alt. Er ist arbeitslos. Wegen Diebstahls war er bereits im Jugendgefängnis.

Unter Anführung von Jan P. „knackten" die vier Jugendlichen in K. mehrere Automaten. Dabei stellte Claudia B. ihr Auto zur Verfügung. Als die Bande eines Nachts auf frischer Tat von einem Mann ertappt wurde, gab Dirk T. mehrere Schüsse auf ihn ab. Er traf den Mann jedoch nicht.

Nach der Vernehmung hat der Richter das Urteil zu fällen. Für Bandendiebstahl kann er mehrjährige Gefängnisstrafen aussprechen.

2. Wie würdest du die einzelnen Bandenmitglieder bestrafen? Bedenke dabei, dass sie unterschiedlich alt und teilweise schon vorbestraft sind. Erstelle eine Tabelle: Name / Strafe / Begründung.

Strafen können unterschiedlichen Absichten dienen

Je härter die Strafen, desto größer die Hemmschwelle für die Straftäter.

Straftäter haben anderen Schaden zugefügt, also müssen sie selbst auch Schaden erleiden.

Wenn die Straftäter im Gefängnis sitzen, können sie wenigstens nichts mehr anrichten.

Der Täter soll im Gefängnis für seine Tat büßen.

Die Strafe soll bei dem Täter bewirken, dass er danach keine Straftat mehr begeht.

Die Straftäter sollen dafür sorgen, dass der von ihnen angerichtete Schaden wieder in Ordnung gebracht wird.

Durch die Strafe soll der Täter befähigt werden, in unserer Gesellschaft zu leben, ohne gegen Gesetze zu verstoßen.

Resozialisierung (Wiedereingliederung in die Gesellschaft)

als Wiedergutmachung

als Vergeltung

Strafe

als Abschreckung

zur Besserung des Täters

als Sühne für die Schuld des Täters

zum Schutz der Gesellschaft

1. Welchen Absichten können Strafen dienen? Finde zu jeder Absicht ein Beispiel.

2. Ordnet die Aussagen in den Sprechblasen den verschiedenen Absichten von Strafe zu und formuliert jeweils eine eigene Aussage.

3. Du hast bei dem Fallbeispiel auf S. 44 verschiedene Strafen verhängt. Welche Absicht war dir dabei am wichtigsten?

4. Ordne die verschiedenen Absichten in einer Reihenfolge, je nachdem, wie wichtig sie dir erscheinen. Vergleicht eure Reihenfolgen.

Todesstrafe

Sonntag, 8. September

Hallo Melanie,

vielen Dank für das Päckchen mit Kaffee und Zigaretten. Hier kommt zwar einmal in der Woche ein Typ, der Sachen verkauft, aber die sind sehr teuer – teurer als draußen!
Das Thema bei uns in dieser Woche war das Todesurteil, das in Amerika vollstreckt wurde. Einige finden es gut, dass Mörder auch sterben müssen. Andere nicht, weil sie meinen, dass man Fehlurteile, die es ja immer wieder gibt, dann nicht mehr rückgängig machen kann. Wie denkst du darüber?

Mirko

PS. Ich lege dir den Artikel bei, den hier jeder gelesen hat.

1. Beschreibt die letzten Stunden des Tony James Baker.
2. Findest du die Todesstrafe für Baker richtig? Begründe deine Meinung.
3. Schreibe Mirko einen kurzen Antwortbrief.

Die letzten Stunden des Tony James Baker

Tony James Baker (24 J.) wurde am 14. Dezember 2003 im US-Bundesstaat South Carolina hingerichtet. 1994 war er wegen Mordes an zwei Jugendlichen zum Tode verurteilt worden. Baker, der als geistig behindert gilt, hatte bis zuletzt seine Unschuld beteuert.

Der Pfarrer, der die Todeskandidaten betreut, berichtet über seine letzten Stunden: „Tony war ein sehr schüchterner junger Mann. Obwohl er offensichtlich große Angst hatte, verhielt er sich den Gefängniswärtern gegenüber sehr kooperativ. Die ganzen Hinrichtungsvorbereitungen – Rasur des Kopfes und des rechten Beines, Einreiben mit einem Gel, das den Strom besser durch den Körper leitet – ließ er ohne Probleme über sich ergehen. Aber als der Gefängnisdirektor um 5 Uhr früh an der Zellentür erschien, fing Tonys linkes Bein an zu zucken. Danach ging alles schnell. Ich begleitete ihn zum elektrischen Stuhl, redete und betete noch einmal mit ihm. Als ich mich von ihm verabschiedete, hatte er Tränen in den Augen und zitterte am ganzen Körper.

Ich ging in den Raum mit den Hinrichtungszeugen. Tony versuchte mir mit seinen festgeschnallten Fingern noch ein Zeichen zu geben, da kam auch schon der Stromstoß. Tonys Körper zuckte nach hinten und blieb die ganze Zeit starr, während der Strom durch den Körper lief. Die Fäuste waren zusammengepresst und sehr weiß. Als der Strom abgestellt wurde, fiel sein Körper in sich zusammen und wurde dann wieder, als der nächste Stromstoß kam, ruckartig hochgerissen.

Nachdem er für tot erklärt worden war, zerrten Wärter seinen Körper aus dem elektrischen Stuhl und verdeckten sein Gesicht mit einem Tuch.

Als ich das Gebäude mit der Todeszelle verließ, hörte ich eine Menge von 150 oder 200 Menschen jubeln, die offenbar gekommen waren, um die Hinrichtung zu feiern. Sie johlten und feierten vor den Gefängnismauern."

Todesstrafe – Pro und kontra

1. Welche Argumente sprechen für, welche gegen die Todesstrafe?

2. Formuliere eine eigene Aussage zum Thema „Todesstrafe".

3. Stellt euch vor, in Deutschland soll die Todesstrafe eingeführt werden. Diskutiert dieses Thema in eurer Klasse.

Warum werden Menschen straffällig?

Samstag, 21. September

Hallo Melanie,

vielen Dank für deinen Brief. Du fragst, warum ich das gemacht habe, warum ich dem Türsteher einen über den Scheitel gezogen habe, dass er einen Schädelbasisbruch erlitt. Das ist eine schwierige Frage.

War er schuld, weil er mich ja nicht reinlassen wollte und mich vor allen lächerlich gemacht hat?

Oder mein Freund Mike, weil er seinen Baseballschläger aus dem Auto geholt hat?

Oder meine Freundin, weil sie so laut über die Sprüche des Türstehers gelacht hat?

Oder die anderen, weil sie mich aufgestachelt haben?

Oder meine Eltern, weil sie sich nicht um mich gekümmert und immer zur Oma abgeschoben haben?

Oder ... — da könnte ich noch viel aufzählen.

Mirko

PS: Zigaretten und Kaffee sind aufgebraucht.

1. Was haltet ihr von Mirkos Antwort?

2. Es gibt viele Gründe, warum Jugendliche straffällig werden können. Welche Gründe sind auf den Bildern beschrieben? Findet ihr noch andere Gründe?

3. Du bist aus einem dieser Gründe straffällig geworden. Die Polizei hat dich erwischt.
Im ersten Verhör geht es vor allem um die Frage „Warum hast du die Tat begangen?"
Du versuchst Gründe zu nennen. Spielt das Verhör.

Wer ist schuld?

Maik M. wurde als viertes Kind von Dietrich und Claudia M. am 16. 2. 1986 geboren. Kurz nach der Geburt trennte sich der Vater von der Familie. Die Mutter ist mit der Erziehung der Kinder offensichtlich überfordert.

In der Schule hatte Maik M. Probleme. Er konnte dem Unterricht nicht so gut folgen und machte manchmal einen etwas verwahrlosten Eindruck. Er wurde von seinen Mitschülern gehänselt. Sie riefen ihn „Stinker" oder „Dummie".

Mit zwölf Jahren wurde Maik bei einem Ladendiebstahl erwischt. Um seinen Mitschülern zu imponieren, hatte er einige CDs geklaut. Maik kam nun in ein Heim, weil man der Ansicht war, dort sei er besser aufgehoben als bei seiner kränkelnden Mutter.

Zwei Jahre ging alles gut. Die Erzieherin kümmerte sich sehr um Maik. Maiks Schulleistungen wurden besser. Dann jedoch ging die Erzieherin in Mutterschutzurlaub. Mit dem neuen Erzieher verstand sich Maik überhaupt nicht, er lief aus dem Heim weg.

Weil Maik kein Geld mehr hatte und nirgends eine feste Unterkunft fand, beging er kleinere Diebstähle, um sich am Leben zu halten. Er wurde zum zweiten Mal wegen Diebstahls zu zwei Monaten Gefängnis verurteilt.

Nachdem er seine Strafe abgesessen hatte, fand Maik in einer Fabrik Arbeit. Aber aufgrund ständiger Reibereien mit seinen Kollegen wurde er entlassen. Obwohl er sich laufend bemühte, eine neue Arbeit zu finden, wollte ihn keiner haben. Als ihm die Arbeitslosenunterstützung entzogen wurde, verlegte er sich ganz aufs Stehlen. Er wurde zu einem Jahr Gefängnis verurteilt, dann zu 18 Monaten und schließlich zu sieben Jahren. Während dieser Haftzeit starb seine Mutter. Sein Gesuch, bei ihrer Beerdigung dabei sein zu können, wurde abgelehnt.

Als er schließlich entlassen wurde, hatte sich so viel Hass in ihm aufgestaut, dass er einen Mann, der sich ihm in den Weg stellte, erschoss. Für diesen Mord erhielt er eine lebenslange Freiheitsstrafe. Die Zeitungen berichteten, dass der Mörder die Strafe erhalten habe, die er verdient.

1. Maiks Lebensweg ist durch viele Stationen geprägt.
   Überlegt euch bei jedem Absatz:
   a) Hätte hier etwas verändert werden können? Was hätte Maik geholfen?
   b) Wer hätte etwas tun können? Was?

2. „Gesucht werden immer die Täter. Darum findet man nie den Schuldigen."
   Was könnte mit diesem Satz gemeint sein?

3. Wie würde die Familie des getöteten Mannes die Frage „Wer ist schuld?" wohl beantworten?

Strafen – was meint die Bibel dazu?

Hallo Melanie,

dass du dich in der Bibel auskennst, hätte ich nicht gedacht – so toll wie du aussiehst! Mit deinen Bibelstellen konnte ich nicht viel anfangen. Manche sagen ja gerade das Gegenteil. Vielleicht frage ich mal unseren Gefängnispfarrer. Könntest du vielleicht noch ein Bild von dir schicken? Vielleicht im Schwimmbad oder so?

Mirko

Auge um Auge, Zahn um Zahn.
(2. Mose 21,24)

Kain tötete seinen Bruder Abel. Gott bestrafte Kain, versah ihn jedoch mit einem Zeichen zum Schutz, damit seine Mitmenschen Kain nicht ebenfalls töten. (nach 1. Mose 4,8–16)

Du sollst nicht töten. (5. Gebot)

Wer einen Menschen tötet, der muss durch Menschenhand sterben. (1. Mose 9,6)

Wer von euch ohne Sünde ist, der werfe den ersten Stein. (Johannes 8,7)

Verurteilt nicht andere, damit auch Gott euch nicht verurteilt. (Matthäus 7,1).

Was kümmerst du dich um den Splitter im Auge deines Bruders und bemerkst nicht den Balken in deinem eigenen? (Matthäus 7,3)

Nehmt keine Rache, sondern überlasst das Gericht Gott. (Römer 12,19)

Überwinde das Böse mit dem Guten. (Römer 12,21)

1. Mirko konnte mit diesen Bibelstellen nicht viel anfangen. Er fand, dass sich einige widersprechen. Welche könnte er gemeint haben?

> Die Meinungen zur Strafe sind in der Bibel nicht einheitlich.
> Schon im Alten Testament kann man eine Entwicklung weg von einer eher grausamen Strafpraxis hin zu einem menschlichen Umgang mit Strafe feststellen.
>
> Diese Entwicklung vollzieht sich in mehreren Schritten:
> 1. Schritt: Die Strafe soll dem Verbrechen entsprechen.
> 2. Schritt: Nicht Vergeltung, sondern neue Chance.
> 3. Schritt: Auch der Verbrecher ist dein Bruder.

2. Ordnet die abgedruckten Bibelstellen diesen drei Schritten zu.

3. Was könnte nach neutestamentlichem Verständnis der Sinn von Strafe sein?

4. Welche Meinung zur Todesstrafe kann man aus den Aussagen des Neuen Testaments herauslesen?

Neue Chance?

1. Beschreibt, was auf dem Bild zu sehen ist.

2. Mit welchen Vorurteilen haben entlassene Strafgefangene häufig zu kämpfen?

3. Strafgefangene brauchen Hilfe – während und nach dem Vollzug. Ordnet die Beispiele diesen beiden Phasen zu und ergänzt jeweils zwei eigene.

– Vermittlung von Kontakten zur Außenwelt
– Betreuung der Familienangehörigen
– Vorbereitung auf die Entlassung auch durch freiwillige Helfer.
– Hilfen zur Freizeitgestaltung und Lebensbewältigung (Urlaubswochen,
  Seminare für Gefangene und ihre Partner)
– Hilfen für Bedienstete
– Einzel- und Gruppengespräche
– Aufrechterhaltung des Kontakts zwischen dem Gefangenen und seiner Familie
– Wohnungsvermittlung (z.B. Wiederaufnahme in die Familie, Wohngruppe,
  Wohnheim, angemietete Zimmer)
– Hilfe bei der Arbeitssuche
– Hilfen, um nicht vorhandene Schul- und Berufsabschlüsse nachzuholen
– Schuldenregulierung
– Beratung zum besseren Umgang mit Geld

Okkultismus

Gibt es Übersinnliches?

 Bookmarks Location: http://195.20.240.165:

Sternchen: Bin Skorpion. Nach schlechten Erfahrungen mit Waagetyp suche ich nun einen Wassermann. Nette Wassermänner bitte melden!

Postler: Wer kennt sich mit Kettenbriefen aus? Hab einen bekommen und soll ihn an 20 Personen weiterschicken, ansonsten wird mir viel Schlimmes passieren. Mir ist unheimlich.

Schamane: Hey Postler, ich verkaufe Amulette, speziell auch gegen Verwünschungen bei Kettenbriefen. Ich habe jetzt ganz geile Pentagramme im Angebot! Schau mal auf meiner Homepage vorbei!

>>> Bloody Sabbath * 22.05., 00Uhr * Neubestattung * Bad Mombach * DJ Devil * info: www.deadnow.luz <<<
>>> Buchhandlung Drudenstern * Alle einschlägigen Titel sofort lieferbar * www.drude.luz <<<

Postler: Pentagramme, was'n das?

Schamane: Ein fünfzackiger Stern, das ist ein altes religiöses und magisches Symbol, vor allem als Schutzzeichen gegen magische Angriffe.

Tigerin: Aber Postler, pass auf, wenn zwei Spitzen des Pentagramms nach oben zeigen, ist es ein Zeichen des Teufels (Hörner)!

Luzifer: Mach dir nicht ins Fell, Tigerin! Teufel ist doch geil. Heute um Mitternacht, Treffen der Satanistengruppe „Luzifers Friends" auf dem Zentralfriedhof. Treffpunkt: Kindergräber. Aufnahmeritual für neues Mitglied. Schwarze Klamotten Pflicht, für frisches Blut muss noch gesorgt werden.

Fuzzi: Ich glaube, ich habe übersinnliche Kräfte. Schon ein paar Mal war ich in einer Situation, wo ich genau wusste, dass ich dies schon einmal erlebt habe. Das ist doch komisch. Hat jemand schon mal Ähnliches erlebt?

Marilyn: Ist doch ein alter Hut! Das nennt man Déjà-vu, das haben ziemlich viele Menschen.

Nana: Kennt sich jemand mit Telepathie oder Gedankenübertragung aus? Gibt's das überhaupt? Und kann man das lernen oder braucht man eine bestimmte Begabung?

>>> Direkt aus der Hölle * BURN * Die neue CD von UNDEAD * Heavy Metal vom Feinsten * Geile Texte * Gleich bestellen unter: www.luzifersfriends.luz <<<
>>> Greatful Dead * Blutparty * Nur für echte Satanisten * Traut euch!!! * www.vampire.luz <<<
>>> Tu was du willst * Insider sprechen über alles * Wirklich alles!!! * Keine Tabus! * www.crewofsatan.luz<<<

hatstart?PROVIDER=Chatworld&KEY=265&MODE=&NICKNAME=Tobi

Minnie: Wer kann mir meine Zukunft vorhersagen? Ich habe seit kurzem einen neuen Freund und will wissen, ob dies etwas Dauerhaftes ist.

Klabautermann: Bei mir bist du richtig, Minnie. Ich bin ein total gutes Medium und beherrsche mehrere okkulte Praktiken wie Kugelblick, Kartenlegen und Handlesen.

Hexe: Hallo Minnie, ich bin sehr medial veranlagt und kann dir sogar aus der Ferne deine Zukunft voraussagen. Melde dich!

Kasiopeia: Das kannst du doch auch selber, Minnie. Probier's mal mit Pendeln!

Atze: Hallo Hexe, altes Medium. Ich suche seit drei Wochen meinen Hausschlüssel. Kannst du mir sagen, wo er ist?

Jagger: Hey Klabautermann, gib mir mal einen Tipp für die nächsten Lottozahlen. Das wäre mir schon fünf Euro wert!

Maria: Suche jemanden, der mir hilft, Kontakt zu meinem verstorbenen Mann aufzunehmen, z. B. durch Gläser- oder Tischerücken.

Maxwell: Vorsicht, damit ist nicht zu spaßen!

WonderDoc: Ich habe übersinnliche Kräfte und kann durch Handauflegen Schmerzen heilen. Wer braucht meine Hilfe?

1. Sprecht über die einzelnen Beiträge. Was haltet ihr davon?
   Welche übersinnlichen Erscheinungen werden jeweils angesprochen? Erstellt eine Liste.

2. Welche Erfahrungen habt ihr mit solchen Erscheinungen schon gemacht?

3. Sammelt Fragen zum Thema Okkultismus.

4. Erstellt in Kleingruppen eigene Chatrooms: Jedes Gruppenmitglied wählt sich einen User-Namen und schreibt auf ein leeres Blatt eine Bemerkung oder eine Frage zu diesem Thema. Dann werden die Blätter im Uhrzeigersinn schweigend weitergegeben und alle schreiben zu jeder Äußerung eine Frage, eine Bemerkung oder einen Kommentar. Die Blätter werden schweigend weitergegeben, bis jeder wieder sein eigenes Blatt vor sich hat.

Übersinnliche Erscheinungen – was steckt dahinter?

Maria (17 Jahre) ist fest mit Marius zusammen. Nun lernt sie Tino kennen. Tino sieht besser aus, ist netter und auch viel witziger. Aber soll sich Maria wegen Tino von Marius trennen? Schließlich sind sie ja schon zwei Jahre zusammen und hatten sich versprochen, immer zusammen zu bleiben. Maria befragt das Pendel mit einer „Ja"- und einer „Nein"-Karte. Sie hält ihre Hand absolut ruhig und stellt die Frage: „Soll ich mich von Marius trennen?" Und da, nach wenigen Sekunden passiert es: Das Pendel schwingt eindeutig nach „Ja". Maria ist sehr zufrieden. Eigentlich hat sie das ja auch gewollt. Und wenn es jetzt auch noch das Pendel sagt …

1. Wie könnte man diesen Vorgang erklären?

2. Was hältst du vom Pendeln?

3. Welche Fragen würdest du gern „auspendeln"? Warum sind dir diese Fragen wichtig?

4. Für wie verlässlich hältst du Antworten, die das Pendel gibt?

5. Maria ist unsicher und braucht einen Rat. An wen könnte sie sich noch wenden?

Pendeln
Zum Pendeln eignen sich im Prinzip alle nicht zu schweren Gegenstände an einem längeren Faden. Man nimmt den Pendelfaden locker zwischen Daumen und Zeigefinger und stellt eine innere Ruhe her. Dann erfolgt eine Konzentration auf das Pendel. Statt der „Ja"-„Nein"-Zettel, auf die sich das Pendel zu bewegt, sind auch andere Dinge möglich, z.B.: Eine Linksdrehung bedeutet „Ja", eine Rechtsdrehung „Nein". Entsprechend dem Aufbau werden die Fragen so gestellt, dass mit „Ja" oder mit „Nein" geantwortet werden kann. Erstaunlicherweise gerät das Pendel bei fast allen Personen nach kurzer Zeit in Bewegung.

Spiritismus

Der Spiritismus geht davon aus, dass die für uns übersinnlichen Erscheinungen etwas mit Toten und Geistern zu tun haben. Spiritismus glaubt, dass die Verstorbenen oder Geister direkten Einfluss auf unser Leben haben und uns durch bestimmte Medien Botschaften schicken können.

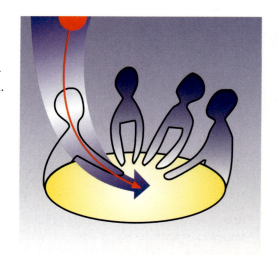

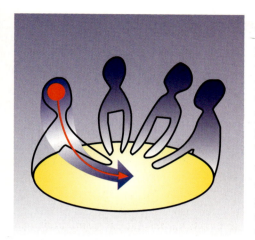

Animismus

Der Animismus geht davon aus, dass alle übersinnlichen Erscheinungen innerweltlich, ohne die Einwirkung von Geistern der Toten zu erklären sind. Alles, was z.B. beim Pendeln, Tisch- oder Gläserrücken passiert, hat etwas mit dem Unterbewusstsein der Teilnehmer zu tun. Durch Gedanken und unbewusste Gefühle und Wünsche kommt es zu winzigen unbewussten Muskelbewegungen, die von den Teilnehmern nicht als solche wahrgenommen und gesteuert werden.

1. Erkläre anhand der beiden Schaubilder den Unterschied zwischen Spiritismus und Animismus.

2. Übertrage die beiden Schaubilder in dein Heft und schreibe jeweils eine kurze Erklärung dazu.

3. Stell dir vor, Maria spricht dich an. Sie ist ganz begeistert vom Pendeln und erzählt dir von ihrer Erfahrung. Du bist eher skeptisch und versuchst ihr die Animismus-Theorie zu erklären. Aber Maria lässt sich nur schwer überzeugen. Spielt dieses Gespräch.

Carolin S. (37 Jahre, Arzthelferin) hatte zum ersten Mal unter Anleitung eines Bekannten gependelt. Dabei hatte sie unter anderem die Frage gestellt, wie die Großmutter ihres Vaters mit Vornamen geheißen habe (was sie nicht wusste). Das Pendel bewegte sich über dem Buchstabenkreis und buchstabierte „E-L-I-S-A-B-E-T-H". Als Carolin S. dies anschließend nachprüfte, stellte es sich heraus, dass es stimmte. Da sie auch andere erstaunliche Antworten, z.B. im Hinblick auf ihre Zukunft, erhielt, war sie nun völlig verwirrt, konnte nicht mehr schlafen und musste sich einer Therapie bei einem Psychiater unterziehen.

4. Warum ist Carolin S. so verunsichert?

5. Wie könnte man diesen Vorgang noch erklären?

In langen therapeutischen Sitzungen stellte sich heraus, dass Carolin S. früher einmal gehört hatte, dass ihre Urgroßmutter „Elisabeth" hieß, sich dessen aber nicht mehr bewusst war.

Phänomene wie Hypnose, Trance, Hellsehen, Telepathie sind wissenschaftlich gut belegt und kaum mehr zu bestreiten. Auch wissen wir heute sehr viel über die unbewussten Kräfte der menschlichen Seele, die uns normalerweise nicht zugänglich sind. Handelt es sich um unbekannte Kräfte unserer Seele oder des Unbewussten, so spricht man abgekürzt von Psi-Kräften (von griechisch Psyche = Seele).

Pendeln, Gläser- und Tischrücken könnten also natürliche Ursachen haben, die im Menschen selber liegen.

Bewusstes und Unbewusstes

Wunderheilungen – ist das möglich?

Ein TV-Team besucht den Wunderheiler Valeriu Borgos. Der Reporter Oskar Beck berichtet über diesen Besuch:

Valeriu Borgos hat seinen genügsamen Tag. „Nie", schwört er uns, „würde ich behaupten, dass ich ein Gott bin." Warum diese Bescheidenheit, werden sich viele fragen. Er hat Menschen nur mal kurz angeguckt, und sie waren gesund. Sie nennen ihn Wunderheiler.

Valeriu Borgos hat früher Kühe gemolken, jetzt heilt er Menschen. In Tel Aviv hilft er Ärzten als telepathischer Heiler. Wie echt ist die Kraft? „Ich will helfen", beruhigt er uns und träufelt sich Tropfen in seine Augen, die stark überanstrengt wirken – womöglich glauben sie manchmal selber nicht, was sie sehen.

Sogar übers Telefon heilt der Mann – via Ferngespräch. Wir sind dabei, als er eine Patientin aus Hamburg am Ohr hat: Sigrid A., PR-Managerin. Sie hat ein Knieproblem, das Gelenk lässt sich nicht durchdrücken. Borgos befiehlt: „Legen Sie den Hörer auf die Stelle, die weh tut – und zählen Sie langsam bis 40." Er schließt die Augen, nimmt die Hände von der Stirn, die Kraft strömt durch den heißen Draht. Die Frau berichtet von einem „Kribbeln", einem „warmen Gefühl" – und läuft wieder rund. Als Reporter mit einem Nierenstein, stelle ich irgendwann die entscheidende Frage: „Helfen Sie mir auch mal kurz, Meister?" – „Mal sehen", sagt er. Ich möge mich auf ihn konzentrieren, wenn er wieder seinen Blick in die Kamera wirft. Er tut's. Wieder diese Augen. Er bittet die Fernsehzuschauer: „Führen Sie mich an Ihre kranke Stelle. Legen Sie Ihre Hand drauf." Das alte Ritual. Sein Kopf zerspringt fast. Was er da tut? Borgos: „Ich dringe in das Unterbewusstsein und erteile den Menschen Befehle." Er habe sogar einen geheilt, dem der Schließmuskel versagte – der Mann geht angeblich wieder lachend auf die Toilette.

Borgos erzählt, wie er sogar einen hüftkranken Lahmen wieder auf die Beine gestellt hat. Der Kameramann Norman Vaclavic bestätigt: „Der Mann stand auf – und ging mit uns kegeln." Das TV-Team, das Borgos begleitet hat, schildert überhaupt erstaunliche Dinge. Ein Leukämiekranker hatte plötzlich ein verändertes Blutbild. Zuckerkranke jubeln. Frauen mit vermeintlicher Unfruchtbarkeit – Borgos schaut kurz mal scharf hin, und die Frauen waren schwanger.

Kann ein Mensch über solche Fähigkeiten verfügen? Was ist dieser Borgos: telepathischer Heilsbringer – oder ein Schauspieler, der vor leichtgläubigen Verzweifelten seine Grimassen schneidet? Messias oder Scharlatan? Borgos gibt die Antwort auf seine Art. Er ballt die Fäuste, sein Kopf schwillt an und vibriert, dann wünscht er dem Fernsehpublikum gute Besserung. – PS: Der verdammte Nierenstein plagt mich immer noch.

1. Hältst du den Bericht für glaubhaft?

2. Kennst du ähnliche Heilungsberichte – oder hast du selbst schon vergleichbare Erfahrungen gemacht?

3. Aus welchen Gründen suchen Menschen Wunderheiler auf?

4. Würdest du dich selbst auch einem Wunderheiler anvertrauen?

5. Der Wunderheiler Valeriu Borgos ist Gast in einer Talkshow. Ihr seid Gäste. Jeder von euch darf drei Fragen an ihn auf einen Zettel schreiben. Die Zettel werden eingesammelt und dem Meister vorgelesen.

Wunderheiler?

Ausgerechnet während einer Geschäftsreise ins ferne New York befällt einen Mann aus Kalifornien ein so unerträglicher Zahnschmerz, dass er einen Zahnarzt aufsuchen muss. Dieser stellt eine schwere Zahnentzündung fest. Vor der weiteren Behandlung will der Notfallpatient zunächst seinen „Geistheiler" an der Westküste um Rat fragen. Der Geistheiler lässt sich die Sache erklären und bietet seinem Patienten eine Fernbehandlung an: Genau um acht Uhr abends solle er sich in seinem Hotelzimmer auf den Heiler konzentrieren. Der werde seinerseits exakt um diese Zeit heilende Energien über den Kontinent schicken. Der Geschäftsmann tut, wie ihm geheißen – und kurz nach acht sind die Zahnschmerzen verschwunden. Als er am nächsten Tag zur Nachbehandlung noch einmal den New Yorker Zahnarzt aufsucht, glaubt der erst seinen Ohren und dann seinen Augen nicht zu trauen: Von der Entzündung keine Spur mehr. Eine Wunderheilung? Dem New Yorker Zahnarzt ließ die Sache keine Ruhe. Er rief den Geistheiler in Kalifornien an und fragte ihn, was zum Teufel er denn am Vortag um fünf Uhr nachmittags – acht Uhr Ostküstenzeit – angestellt habe. „Gestern um fünf?", fragte der Heiler verständnislos zurück. Wie er denn die verblüffende Fernheilung des entzündeten Zahnes fertig gebracht habe, will der Zahnarzt wissen. „Fernheilung? Au verdammt, den Termin habe ich völlig verschwitzt."

1. Beschreibt diesen Vorfall mit eigenen Worten.

2. Was könnte die Heilung bewirkt haben?

1. Gegenwärtig Bewusstes
2. Vorübergehend Unbewusstes
3. Unbewusstes

Okkulte Praktiken als „Steigrohre des Unbewussten"

Alles Einbildung?

Ein Transportarbeiter wird aus Versehen in einen Kühlwagen eingeschlossen, der sich auf die Reise von Chicago nach New York begab. Als man den Wagen in New York öffnete, fand man den Mann tot vor. In seinen Aufzeichnungen schilderte er genau, wie die Kälte an ihm hoch kroch, er beschrieb genau alle Symptome, die zu seinem Erfrierungstod führten. Der Mann lebte in der festen Überzeugung, den Erfrierungstod zu sterben. Und er starb ihn auch. Aber – das Kühlaggregat war gar nicht eingestellt gewesen.

3. Erklärt diesen Vorfall.

Können Sterne lügen?

Die folgenden Horoskope wurden aus verschiedenen Zeitschriften ausgeschnitten und betreffen den gleichen Zeitraum.

Löwe *****

Tanken Sie am Wochenende Ruhe und Kraft mit Ihnen Nahestehenden. Ab Montag ist der Terminkalender voll, was dem Partner wenig passt. Vertrösten Sie ihn und sprechen Sie deutlich Ihre Bedürfnisse aus. Konzentrieren Sie sich auf ihre berufliche Tätigkeit und zwingen Sie sich dabei zu einem klaren Zeitplan. Gesundheitlich sollten Sie auf Ihre Linie achten.

LÖWE

Sie brauchen Kraft für ein anstrengendes Wochenende. Sie gewinnen überhaupt nichts, wenn Sie einen Streit mit harten Bandagen ausfechten. Ein bisschen mehr Zurückhaltung bringt Sie viel schneller ans Ziel und erspart viel Kummer. Beruflich sind Sie auf dem richtigen Weg. Hören Sie allerdings noch mehr auf den Rat Ihres Partners. Dann liegt in der Partnerschaft eine harmonische Woche vor Ihnen. Gesundheitlich erwarten Sie keine größeren Probleme. Im Gegenteil: Sie sind gut in Form.

Löwe

Vor Ihnen liegt ein Superwochenende – mit glänzenden Gewinnchancen und enormer Lebensfreude. Nur auf eines müssen Sie aufpassen: Ihre Form ist nicht mehr die beste. Sie dürfen sich nicht zu viel zumuten. Ab Montag wird es in jeder Beziehung, auch beruflich, ruhiger – fast zu ruhig. Auch für die Partnerschaft ist viel Alltag angezeigt. Lassen Sie es nicht an kleinen Aufmerksamkeiten fehlen!

Löwe

Der Kampf, den Sie derzeit beruflich führen, ist sinnlos. Entscheiden Sie sich für einen anderen Weg. Werden Sie aktiv und treffen Sie Entscheidungen! Dies gilt auch im privaten Bereich. Veränderungen liegen in der Luft. Gesundheitlich dagegen bleibt Ihr Befinden stabil.

1. Was hältst du von Horoskopen?

2. Vergleicht die Aussagen im Blick auf den beruflichen, privaten und gesundheitlichen Bereich und arbeitet anhand einer Tabelle die Unterschiede und Gemeinsamkeiten heraus.

3. Welche Formulierungen werden von den Horoskopschreibern gern benutzt? Warum könnte dies so sein?

4. Sammelt Aussagen in den vier Horoskopen, die wirklich konkret nachprüfbar sind.

5. Formuliere selbst einen kurzen Horoskop-Text, der so gestaltet ist, dass er von den meisten Menschen als „zutreffend" bezeichnet werden könnte.

Ein makabres Experiment

Ein geradezu makabres Experiment führte Tony Whitman durch, der in einer Anzeige die kostenlose Erstellung persönlicher Horoskope anbot. Viele Menschen nahmen das Angebot an und ließen sich ein persönliches Horoskop erstellen.
Auf Nachfragen erklärten 94 Prozent der Antwortenden, dass sie sich in ihrem Horoskop treffend beschrieben sähen. 90 Prozent fanden sich in dieser Ansicht sogar von Freunden und Verwandten bestätigt. Der Haken an der Sache war nur, dass keiner sein eigenes Horoskop erhalten hatte – Whitman hatte allen das Horoskop eines der berüchtigsten Massenmörder Englands zugesandt.

1. Beschreibe das Experiment, das Whitman durchgeführt hat.

2. Zu welchem Ergebnis führte das Experiment?

3. Kannst du dir dieses Ergebnis erklären?

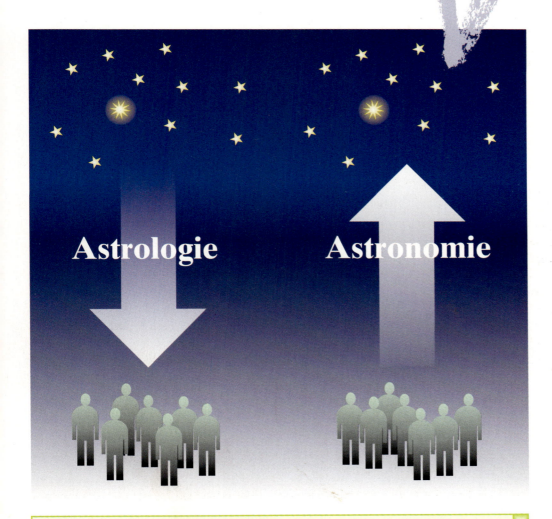

Die Astrologie versucht, durch Sterndeutung Aussagen über menschliche Schicksale zu machen. Die Astronomie dagegen ist eine exakte Wissenschaft, deren Ziel die naturwissenschaftliche Erforschung des Weltraumes ist.

Okkultismus – Ausweg oder Sackgasse?

„Vor einem Jahr ist meine beste Freundin bei einem Unfall gestorben. Da macht man sich so seine Gedanken, wo die jetzt wohl ist und wie das ist. Ein Bekannter, der ein Medium ist, konnte zu ihr einen Kontakt herstellen, so dass ich einige Botschaften von meiner Freundin bekommen habe. Sie hat mir gesagt, dass ich nicht traurig zu sein brauche, weil es ihr drüben sehr gut geht."
Eva, 19 Jahre

„Bisher musste ich immer alles allein entscheiden, was ja echt schwierig ist, weil man ja nicht genau weiß, was alles kommen wird. Aber wenn man einen guten Geist dran hat, dann kann man schon fragen, was man tun soll. Nur muss man aufpassen, dass es ein guter Geist ist, ein schlechter ist schon gefährlich."
Moritz, 16 Jahre

„Zu Anfang habe ich mich mit dem Handlesen nur so für mich beschäftigt. Ich fand es interessant, was man da alles herausfinden kann. Bei einer Party habe ich dann einmal einem Mädchen aus der Hand gelesen. Ruck-zuck standen alle anderen um mich herum und wollten auch aus der Hand gelesen haben. Seit diesem Tag bin ich bekannt dafür, dass ich etwas Besonderes kann. Seither interessieren sich ziemlich viele Leute für mich und meine Kunst – das war vorher nicht so."
Stefan, 15 Jahre

„Seitdem ich meinen Schutzgeist richtig kenne und mit ihm reden kann, ist alle Angst, die ich bisher hatte, verflogen. Früher hatte ich ständig Angst, aber jetzt weiß ich, dass da oben einer ist, der auf mich aufpasst. Mir kann nichts mehr passieren, und habe ich doch einmal Angst, dann kann ich mit ihm darüber reden."
Daniel, 16 Jahre

„Mit unserer Jugendgruppe waren wir auf dem Kirchentag in Berlin. Eines Abends hat ein Mädchen erzählt, dass sie regelmäßig Gläserrücken macht und dass sie dabei Kontakt mit einem Geist aufnimmt. Ob wir auch einmal dazu Lust hätten, hat sie gefragt. Und das mussten wir natürlich alle mitmachen."
Julia, 14 Jahre

„Ich habe schon so oft in Zeitungen gelesen, dass man mit Geistern und Verstorbenen Kontakt aufnehmen kann. Außer einem Pendel braucht man weiter nichts dazu. Da bin ich dann neugierig geworden, ob das tatsächlich stimmt, und habe es einfach mit einem selbst gemachten Pendel ausprobiert."
Luis, 13 Jahre

1. Lest die Beispiele und nennt jeweils die Motive oder Gründe, die Jugendliche veranlassen, sich mit okkulten Praktiken zu befassen.

2. Häufig lassen die Motive auf Defizite und Probleme im eigenen Leben schließen. Welche Defizite in der Lebenswelt könnten aus den einzelnen Motiven bzw. Äußerungen jeweils abgeleitet werden?

3. Welche Möglichkeiten gäbe es außer dem Okkultismus für die einzelnen Personen noch, mit solchen Problemen fertig zu werden?

Es gibt immer eine Alternative

„Eigentlich hatten meine Freundin und ich ja keine Probleme. In der Schule lief alles gut und mit unseren Freunden stimmte auch alles. Doch eine Sache machte uns immer mehr zu schaffen: Wir wussten nicht so recht, warum wir überhaupt leben. Uns machte das Leben wirklich keinen besonderen Spaß. Manchmal, wenn wir auf der Straße entlanggingen und Autos fuhren vorbei, stellten wir uns vor, wie es wäre, wenn wir in ein Auto hineinlaufen würden. Oder wenn wir aus dem Fenster sahen, stellten wir uns vor, wie es wäre, wenn wir hinunterspringen würden.
Und dann interessierte sich meine Freundin immer mehr für die Typen mit den schwarzen Klamotten und mit Kontakten ins Jenseits. Sie ist darauf voll abgefahren, schwarze Messen und so. Aber mir war das irgendwie zu arg, zu extrem. Ich habe das nicht mitmachen wollen. Gott sei Dank, kann ich heute sagen. Meine Freundin lebt zurzeit nach zwei gescheiterten Selbstmordversuchen in einer geschlossenen Anstalt. In meinem Leben gab es allerdings auch eine Wende. Und das war ganz komisch. In Reli haben wir mal übers Beten gesprochen. So'n Scheiß, hab ich gedacht, ist doch nur was für Omas und Todgeweihte. Aber dann hab ich's aus Neugier einfach mal ausprobiert. Am Anfang war's nur komisch, aber mit der Zeit hab ich mich immer wohler dabei gefühlt – das ist ganz schwer zu beschreiben. Ich bin dann auch mal in eine Gruppe von unserer Kirche gegangen. Da waren vier oder fünf in meinem Alter und mit genau denselben Problemen und Fragen wie ich. Da gehe ich jetzt ab und zu hin. An Selbstmord denke ich zurzeit nicht mehr."
Annika, 16 Jahre

1. Welches Problem haben Annika und ihre Freundin?

2. Wie versuchen beide dieses Problem zu lösen?

3. Beurteilt diese beiden Möglichkeiten und sammelt jeweils Vor- und Nachteile.

Ausstieg in die Geborgenheit

Ein authentischer Fall

Geisterbeschwörung – Katja ist zum ersten Mal dabei. Mit fast schon gelangweilt wirkender Professionalität ruft Petra einen ihr nicht unbekannten „Geist", er solle sich bitte melden und zu erkennen geben. Das umgedrehte Wasserglas beginnt sich tatsächlich zu bewegen, rückt, zögernd erst, dann langsam fließender, eine Buchstabenfolge entlang, die schließlich den Namen von Petras Vater ergibt – gestorben vor drei Jahren durch Selbstmord. Es werden Frage gestellt, zu seiner Person, zu Vergangenem, zu Alltäglichem – das Glas kreist unermüdlich, mal schneller, mal langsamer. Irgendetwas Ungewöhnliches passiert hier. Was es ist, darüber traut sich hinterher keiner etwas Genaues zu sagen, zu abwegig erscheint die Vorstellung, dass tatsächlich die Seele des verstorbenen Vaters sich zum nachmittäglichem Plausch eingefunden habe.

Das Unternehmen gewinnt eine ungewisse Eigendynamik. Die Erlebnisse werden zu befremdlich und unerklärlich. Da passiert etwas Unerwartetes. Zu dritt sitzen die Schüler wieder einmal an dem runden Marmortisch und befragen ihren „Geist". Doch heute überbringt er eine schwer wiegende Nachricht. Einer von den Anwesenden werde sehr schwer krank werden, vielleicht sogar sterben. Wer? „Bin ich es?", fragt Petra. „Nein!" ist die Antwort, und ebenso bei ihrem anwesenden Freund. Katja wird unruhig. Ja, sie ist gemeint. In ihrem 22. Lebensjahr werde sie schwer krank werden, seelisch krank, vielleicht sogar sterben. Mehr ist nicht in Erfahrung zu bringen. Katja verlässt die Sitzung, geht verwirrt nach Hause.

Zwei Tage später teilt sie ihrer Großmutter, bei der sie lebt, mit, was geschehen ist. Da erfährt sie, dass vor kurzem eine Hellseherin ihrer Großmutter prophezeite, ihrer Enkelin werde in einigen Jahren etwas Schlimmes zustoßen, wahrscheinlich eine schwere Krankheit. „Fadenriss", sagt Katja zu dem, was dann innerlich mit ihr geschah. Diese von ihren eigenen Erlebnissen völlig unabhängige Aussage der Hellseherin schien alles zu beweisen: den Geist, die Prophezeiung, die „andere Welt" und die Macht, die sie über uns hat. Katja kann nicht mehr klar denken, nicht mehr arbeiten, mit niemandem darüber reden. Nicht mit ihrem Freund, nicht mit Petra, nicht mit ihrer Großmutter. Schließlich kommt es nach einigen Wochen zu einem Treffen der Schüler mit ihrem Religionslehrer. Eine ganze Nacht sprechen sie intensiv miteinander, über Einbildung und Unterbewusstes, über Katjas Erziehung, ihre Eltern und Großeltern, über Selbstbeeinflussung (Autosuggestion) und sich selbst erfüllende Prophezeiungen. Katja muss eine Lösung für ihre Angst finden, will sie weiterleben.

Heute – drei Jahre später: Katja hat die Schule abgebrochen und macht eine Lehre als Außenhandelskauffrau. Sie macht immer noch einen lebhaften und aktiven Eindruck, ist interessiert an vielen Dingen. Sie hat sich viel mit übersinnlichen Dingen beschäftigt, viel mit Religion. „Ich würde heute nie mehr meine Zukunft wissen wollen", sagt sie. Keine Astrologie, keine Karten, kein Pendeln mehr. „Ich will heute unbelastet an meine Zukunft herangehen." Mit der Prophezeiung von vor drei Jahren hatte sie lange genug zu kämpfen. „Aber es gibt keine sklavische Verurteilung zu einem bestimmten Schicksal", sagt sie heute, „ein Horoskop, eine Karte oder eine Prophezeiung bedeutet nur einen möglichen Ausgang."

Sich selbst erfüllende Prophezeiung: besagt, dass eine Vorhersage, z.B. durch Karten; Pendel, Gläserrücken oder Horoskop, das menschliche Verhalten unbewusst auf die Erfüllung der Vorhersage hin steuert.

Dass es ein Weiterleben nach dem Tode gibt, ist für sie heute sicherer als je zuvor. Und dass die weiterlebende Seele dann noch Einfluss auf unsere Realität haben kann, ist ein Gedanke, der ihr mittlerweile immer vertrauter geworden ist und sie überhaupt nicht mehr verrückt macht.

Die Angst von damals ist vorbei, viele Gespräche und viel Lektüre haben dazu beigetragen. „Ich würde niemandem empfehlen, so etwas auszuprobieren, darauf sind die meisten viel zu wenig vorbereitet. Aber ich weiß: Meine Zukunft ist offen, doch davon hätte ich ohne die Erlebnisse von damals nichts begriffen." Noch hat Katja einige Zeit, bis sich die Prophezeiung erfüllen sollte. Und wenn wirklich etwas passiert? „Ich bin darauf vorbereitet, das ist alles", sagt sie ruhig.

Peter Meier-Hüsing

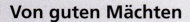

1. Inwieweit hat die Prophezeiung Katjas Leben verändert?

2. Worin besteht für Katja die besondere Gefahr einer solchen Zukunftsvorhersage?

3. Welche Hilfen wird ihr der Religionslehrer zur Bewältigung ihrer Angst gegeben haben? Welche Beratungsmöglichkeiten fallen euch ein?

Von guten Mächten

Von guten Mächten wunderbar geborgen,
erwarten wir getrost, was kommen mag.
Gott ist mit uns am Abend und am Morgen
und ganz gewiss an jedem neuen Tag.

Dietrich Bonhoeffer

4. Immer wieder versuchen Menschen, bei Problemen oder in persönlichen Krisensituationen Hilfe bei okkulten Praktiken zu finden.
Viele Menschen haben dagegen die Erfahrung gemacht, dass der christliche Glaube bessere Möglichkeiten bietet, um mit solchen Situationen umzugehen.
Überprüft die Fallbeispiele auf der vorigen Doppelseite: Inwieweit könnte der christliche Glaube den jeweils Betroffenen helfen, mit ihren Problemen umzugehen?

Mut zu Entscheidungen

Das Gewissen meldet sich

Erhan hatte von seinen Eltern 40 Euro für die Klassenfahrt in den Europapark bekommen. Als nach der großen Pause das Geld eingesammelt wurde, waren die beiden 20-Euro-Scheine nicht mehr in seinem Mäppchen. Die Aussprache in der Klasse mit der Klassenlehrerin und dem Rektor blieb ohne Erfolg. Niemand hatte etwas bemerkt. Alle wurden durchsucht. Das Geld wurde nicht gefunden.
Einige Tage später erhielt Erhan einen Brief ohne Absender. In dem Brief waren zwei 20-Euro-Scheine.

Immer wieder hatte Petrus lautstark verkündet, dass er Jesus überall hin folgen würde und immer für Jesus eintreten wolle. Nun war Jesus verhaftet worden und Petrus war den Soldaten heimlich gefolgt. Im Haus des Hohepriesters wurde Jesus jetzt verhört und Petrus wollte vom Hof aus alles beobachten. Plötzlich kamen Soldaten auf ihn zu. Die Situation wurde bedrohlich. „Du gehörst doch auch zu diesem Jesus", sagte der eine. Der andere zückte schon die Handschellen. „Nein, nein!" rief Petrus aufgeregt. „Ich kenne diesen Jesus überhaupt nicht. Wer soll denn das sein? Mit eurem Jesus habe ich überhaupt nichts zu schaffen." In diesem Augenblick wurde Jesus vorbeigeführt. Er hatte alles gehört und schaute Petrus an. Da gingen die Soldaten weg und Petrus war gerettet. Dennoch fühlte sich Petrus sehr schlecht. Sein Magen verkrampfte sich. Er war völlig verzweifelt und konnte die Tränen nicht mehr zurückhalten.

nach Markus 14, 66–72

*Hohepriester:
Oberster
Priester
Israels im Tempel
von Jerusalem.*

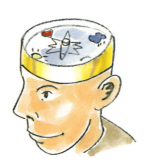

1. Vergleicht die beiden Geschichten. Was ist ähnlich?

2. Der Dieb blieb unentdeckt. Er könnte die 40 Euro zufrieden behalten.
    Petrus konnte sein Leben retten. Er könnte sich freuen.
    Warum gibt der Dieb dennoch das Geld zurück und warum weint Petrus?

3. Kennt ihr weitere Beispiele, bei denen Menschen innerlich in Schwierigkeiten geraten sind?

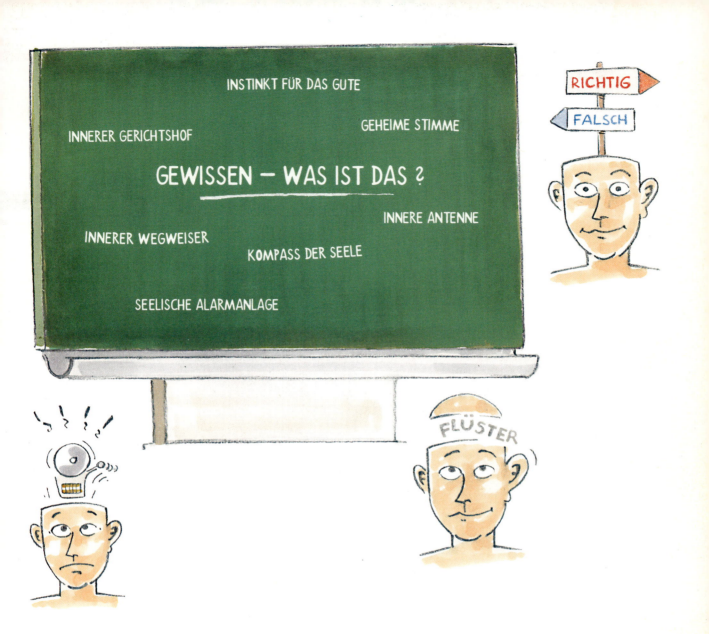

1. Die Klasse 8a hat zu der Frage „Gewissen – was ist das?" ein Brainstorming durchgeführt.
   Was haben sich die Schüler bei den einzelnen Bildworten wohl gedacht?

2. Die nebenstehenden Sätze verdeutlichen die einzelnen Bildworte. Ordnet diesen Sätzen jeweils das passende Bildwort zu.

Beispielsatz	Bildwort
Der Mensch fühlt sich schuldig, verurteilt oder freigesprochen.	Innerer Gerichtshof
Er sieht verschiedene Wege und bekommt Entscheidungshilfe.	
Er horcht bei wichtigen Entscheidungen in sich hinein.	
Er tut unwillkürlich das Richtige.	
Er fühlt sich ertappt.	
Er empfängt Nachrichten für sich selbst.	
Er überprüft die eingeschlagene Richtung seines Lebens.	

Gewissen entwickeln sich verschieden

Unterschiedliche Gewissen

1 a) Mitten am helllichten Tag wurde Antonios Bruder Marcello auf einem Markt in Palermo erschossen. Antonio war wild entschlossen: Er musste den Mörder finden und seinen Bruder rächen. Nur so konnte er das uralte Gesetz seiner Familie erfüllen. Jeder würde ihn verachten, wenn er das Blut seines Bruders nicht mit dem Blut des Mörders abwaschen würde.
Antonio fand den Mörder und erschoss ihn mit drei gezielten Schüssen aus dem Hinterhalt. Antonio fühlt sich gut. Er hat seine Pflicht getan.

1 b) Bei einer Schlägerei zwischen zwei Rockergruppen in Frankfurt wird Jens K. durch Messerstiche so schwer verletzt, dass er noch am gleichen Tag im Krankenhaus stirbt. Seine Freunde schwören Rache. An einem geheimen Ort halten sie eine Gerichtsverhandlung, die ein Todesurteil ausspricht. Durch das Los wird Bennie zum Vollstrecker bestimmt. Seit dieser Nacht ist Bennie verändert.
Wenige Tage später ergibt sich eine Gelegenheit. Bennie ist mit seiner schweren Honda unterwegs und begegnet durch Zufall seinem Opfer, gleichfalls auf einem schweren Motorrad. Durch rücksichtslose Fahrweise gelingt es Bennie, seinen Gegner an einen hohen Randstein abzudrängen. Die Maschine kommt ins Schleudern und prallt an eine Hauswand. Der Fahrer ist sofort tot. Zeugen gibt es keine.
Als Bennie seiner Motorradgang die Vollstreckung des Urteils meldet, ist er leichenblass. Seine Freunde haben ihn seit diesem Tag nicht mehr gesehen.

2 a) Im Englischunterricht werden heute Vokabeln abgehört. Es gibt Noten. Lucca hat vergessen, die Vokabeln zu lernen. Lucca ist dies sehr peinlich. Er entschuldigt sich bei der Englischlehrerin und muss die Vokabeln bis morgen nachlernen.

2 b) Mareike hat vergessen, die Formeln in Mathe zu lernen. Sie findet das nicht besonders schlimm. Auch die Sechs, die sie dafür bekommt, ist ihr egal.

1. Warum reagiert das Gewissen unterschiedlich? Versucht die einzelnen Gewissensreaktionen zu begründen und zu erklären.

Wie entwickelt sich das Gewissen?

Rotstifte gefunden. Tapete bemalt. Sieht schön aus. Mama arg geschimpft. Tapete bemalen – verboten!

In Papas Arbeitszimmer gewesen. Bücher aus dem Regal gezogen und Blätter herausgerissen. Knistert schön. Papa getobt. Bücher zerreißen – verboten!

Mamas Parfumflasche auf mich geleert. Riecht gut! Mama traurig. Nicht schön, wenn Mama traurig ist. Kein Parfum mehr ausleeren!

Farbstifte von Bruder bekommen. Tapete bemalt. Oje, oje, vergessen, dass das verboten ist. Mama wird schimpfen! – Mama hat ganz doll geschimpft. Aufs Händchen geschlagen. Unbedingt merken: Tapete bemalen – verboten!

Von Oma Schokolade gekriegt. Danke gesagt. Mutti freut sich, sagt: „Fein, Mäxchen". Schön, wenn Mama sich freut und „Fein, Mäxchen" sagt. Danke sagen – immer gut!

Von Schokolade allen gegeben. Alle freuen sich und sagen: „Danke, Mäxchen". Schön, wenn sich alle freuen. Abgeben – gut!

Dicke Eddings gefunden. Achtung: Nicht Tapete bemalen!

Auf Töpfchen gewesen. Mama lobt Mäxchen. Gut! Händchen ins Töpfchen gesteckt. Mama schreit: „Pfui!" und schimpft. Händchen ins Töpfchen – strengstens verboten!

Genug gelernt für heute Morgen. Gehe jetzt ins Bett und mache einen Mittagsschlaf.

1. Dies sind Beispiele aus dem Leben eines zweijährigen Kindes. Was hat Mäxchen an diesem Vormittag alles gelernt?

2. Wie lernt Mäxchen, was richtig oder falsch ist? Überlegt euch weitere Beispiele.

3. Das Gewissen kann sich ganz unterschiedlich entwickeln. Belegt diese Aussage durch Beispiele.

> Das Gewissen entwickelt sich aufgrund unterschiedlicher Einflüsse. Belohnung und Bestrafung in der Familie spielen genauso eine Rolle wie die verschiedenen Einflüsse von Freunden und Freundinnen und auch Medien wie Zeitschriften, Fernsehen und Internet.

Wie soll ich mich entscheiden?

Ein Gewissenskonflikt: Aussteigen oder weiterfahren?

Herr Ehrlicher war mit sich sehr zufrieden. Schon kurze Zeit, nachdem er arbeitslos geworden war, hatte er wieder etwas Neues gefunden. Erst vier Wochen arbeitete er nun bei dieser Versicherung und hatte schon so viele Neuabschlüsse geschafft, dass sein Chef ihm eine Gehaltserhöhung in Aussicht gestellt hatte. Mit der neuen Stelle hatten sich auch die Probleme in seiner Familie wieder gelegt. Die Eigentumswohnung konnte weiter abbezahlt werden, und seine Frau und seine Kinder mussten sich wegen seiner Arbeitslosigkeit nicht mehr schämen.

Heute hatte er seinen Einstand gefeiert, deshalb war es etwas später geworden. Hatte er drei oder vier Gläser getrunken? „Ach egal", dachte er, als er sich beschwingt ans Steuer setzte. „Die paar Kilometer nach Hause schaffe ich noch locker und auf meinem Geheimweg durch den Wald kontrolliert die Polizei sowieso nie." Sein Tacho zeigt 100. Frohgemut überholt er einen Mofafahrer. Kurz darauf nimmt er plötzlich einen Schatten von rechts wahr. Ein Radfahrer! Im gleichen Moment spürt er einen dumpfen Schlag gegen den Wagen. Er will bremsen und anhalten. Da schießen ihm plötzlich eine Menge Gedanken durch den Kopf.

> Der Radfahrer könnte sterben.
>
> Ich kann ihm sowieso nicht helfen.
>
> Ich verliere meine Arbeit.

1. Herr Ehrlicher muss sich entscheiden: aussteigen oder weiterfahren? Welche Gedanken könnten ihm durch den Kopf schießen? Jede mögliche Entscheidung hat Folgen. Welche?

2. Sammelt an der Tafel, was in diesem Moment alles auf ihn einwirken könnte.

3. Welcher Gedanke könnte für ihn am wichtigsten sein?

Endspiel um die deutsche A-Jugendmeisterschaft zwischen Bayern München und Borussia Dortmund. Nach Ablauf der regulären Spielzeit steht es immer noch 0:0. Es kommt zur Verlängerung. Da passiert es: Öcan, der Mittelstürmer der Bayern, dribbelt in den Strafraum der Borussen. Er verstolpert den Ball und kommt zu Fall. Zur Überraschung aller pfeift der Schiedsrichter Elfmeter. Die Spieler von Borussia Dortmund protestieren wütend. Daraufhin ruft der Schiedsrichter Öcan zu sich und fragt: „War das eine Schwalbe oder wurden Sie gefoult?" Tausend Gedanken schießen Öcan durch den Kopf.

Der evangelische Pfarrer Dietrich Bonhoeffer, der seinen Glauben und damit auch das 5. Gebot sehr ernst nimmt, wird gebeten, an einem Mordanschlag auf Adolf Hitler teilzunehmen. Hitler ist der Hauptverantwortliche an den grausamen Verbrechen während der Herrschaft der Nationalsozialisten. Sein Tod würde Millionen von Menschen das Leben retten.

Melissa (13 J.) will unbedingt auf die Party bei Dirk (17 J.). Allerdings erlauben es ihre Eltern nicht. Sie sind der Ansicht, Dirk und seine Freunde hätten einen schlechten Einfluss auf Melissa. Melissa bittet nun ihre Freundin Sabrina (13 J.), die nicht auf die Party eingeladen ist, ihre Eltern zu fragen, ob Melissa nicht bei Sabrina übernachten könne. Das würden ihre Eltern erlauben, und Melissa könnte dann auf die Party. Sabrina ist unsicher, ob sie ihrer Freundin diesen Gefallen tun soll.

„Ach komm, stell dich doch nicht so an. Von einem Schluck Wodka-Lemon ist noch niemand betrunken geworden." Patrick (17 Jahre) hatte Arzu (14 Jahre) in die Disco eingeladen. Es war ein super Abend gewesen. Aber jetzt war Arzu unsicher: Sicher, ein Schluck konnte nichts schaden, und was würde Patrick von ihr denken, wenn sie sich eine fünfte Orangina bestellen würde. Auf der anderen Seite hatte sie ihrer Mutter ausdrücklich versprochen, keinen Alkohol zu trinken. Und ihre Mutter hatte Arzu noch nie angelogen.

Nils (15 J.) geht mit Gabriela (14 J.) Eis essen. Beim Bezahlen stellt er fest, dass ihm die neue Bedienung auf 50 Euro herausgegeben hat. Er hat aber nur mit einem 10 Euro-Schein bezahlt. Unsicher schaut er Gabriela an.

Maria (13 Jahre) ist zusammen mit ihrem Bruder Antonio (18 Jahre) im Auto gefahren. Antonio fuhr auf einem Zebrastreifen einen Mann an. Maria wollte aussteigen und sich um den Verletzten kümmern, aber Antonio fuhr weiter und beging Fahrerflucht. Am nächsten Tag kommt ein Polizist zu Antonio und befragt ihn wegen dieses Unfalls. Antonio streitet ab, diese Straße überhaupt gefahren zu sein und gibt Maria als Zeugin an. Der Polizist will von Maria wissen, ob sie die Aussage ihres Bruders bestätigen kann.

1. Worin besteht jeweils der Gewissenskonflikt?

2. Erstellt zu jedem Beispiel nach nebenstehendem Vorbild eine Grafik, in der jeweils die verschiedenen Einflussfaktoren deutlich werden.

In einem Gewissenskonflikt streiten in uns verschiedene Stimmen. Wir wissen nicht, wie wir uns entscheiden sollen. Wir brauchen eine Orientierung bzw. Maßstäbe für unsere Entscheidung.

Um Gottes willen – was soll ich tun?

Die Zehn Gebote

1. Gebot: Ich bin der Herr, dein Gott. Du sollst keine anderen Götter neben mir haben.
2. Gebot: Du sollst den Namen des Herrn, deines Gottes, nicht missbrauchen.
3. Gebot: Du sollst den Feiertag heiligen.

4. Gebot: Du sollst deinen Vater und deine Mutter ehren.
5. Gebot: Du sollst nicht töten.
6. Gebot: Du sollst nicht ehebrechen.
7. Gebot: Du sollst nicht stehlen.
8. Gebot: Du sollst kein falsches Zeugnis reden wider deinen Nächsten.
9./10. Gebot: Du sollst nicht begehren deines Nächsten Haus. Du sollst nicht begehren deines Nächsten Frau, Knecht, Magd, Rind, Esel, noch alles, was dein Nächster hat.

> Beim Zusammenleben der Menschen kommt es immer wieder zu Konflikten, sobald einer die Freiheit des anderen verletzt. Gäbe es keine Gebote oder Gesetze, würde der Schwächere immer verlieren und der Stärkere immer gewinnen.
> Deshalb sind Gesetze und Gebote notwendig zum Schutz des anderen und zum Schutz der eigenen Person.
> Die Zehn Gebote wollen ein Leben in Freiheit schützen. Sie sind Richtschnur für das Verhältnis zwischen Gott und Menschen (Gebote 1–3) und der Menschen untereinander (Gebot 4–10).

1. Lest die Zehn Gebote. Welches haltet ihr für das wichtigste?

2. Schüler einer 7. Klasse haben sich überlegt, was die einzelnen Gebote heute bedeuten könnten. Ordnet die „Übersetzungen" den einzelnen Geboten zu und findet für jedes Gebot einen eigenen „Übersetzungs-Satz".

– Man soll sein Herz nicht an Dinge hängen wie viel Geld, Super-Autos oder Marken-Klamotten. Man soll sich überlegen, was wirklich in seinem Leben wichtig ist.
– Man soll nicht immer sagen: „Ach Gott, ach Gott!" oder so ähnliches.
– Man soll sich sonntags auch mal ausruhen. Dann hat man auch Zeit, sich einmal Gedanken über Gott zu machen. Man hat dann auch Zeit, um was mit der Familie oder mit Freunden zu machen.
– Man soll vor seinen Eltern Respekt haben.
– Man soll keine unnötigen Tierversuche machen. Man kann auch mit Worten töten. Das soll man auch nicht machen.
– Man soll seinem Partner oder seiner Partnerin nicht weh tun und treu bleiben.
– Man soll nicht einem anderen etwas wegnehmen.
– Du sollst nicht lügen. Du sollst über andere nichts Böses sagen.
– Man soll nicht auf andere neidisch sein.

a

b

c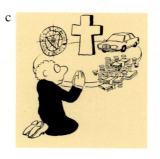

d

e

f

g

h

i

j

1. Tiki Küstenmacher hat die einzelnen Gebote als Comicszenen gezeichnet. Ordnet die Szenen den einzelnen Geboten zu. Was könnte sich Küstenmacher bei seinen Zeichnungen jeweils gedacht haben?

Das wichtigste Gebot

Jesus wurde einmal gefragt, welches das wichtigste Gebot sei. Jesus überlegte einen Moment und antwortete dann: „Es gibt zwei Gebote, die sind die allerwichtigsten. Das erste ist: Du sollst den Herrn, deinen Gott, lieben von ganzem Herzen, von ganzer Seele und mit allen Kräften. Und das zweite, das ist genauso wichtig: Du sollst deinen Nächsten lieben wie dich selbst."

nach Matthäus 22, 35–39

2. Diese zwei Gebote nennt man auch das Doppelgebot der Liebe. Dieses Doppelgebot der Liebe steht über den Zehn Geboten. Schreibt das Doppelgebot in euer Heft und ordnet den beiden Geboten die Zehn Gebote im Einzelnen zu.

3. Auf den Seiten 68–69 sind verschiedene Konfliktsituationen geschildert. Welche Lösungsmöglichkeiten ergeben sich jeweils aufgrund der biblischen Orientierungshilfen?

Schuldig sein – und was dann?

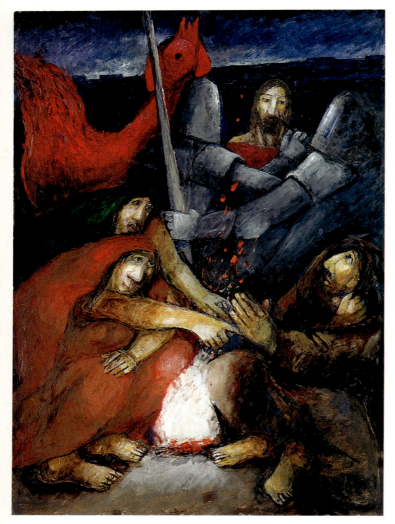

Verzweiflung oder Neuanfang?

Petrus war völlig verzweifelt. Er hatte alles zerstört, was ihm wichtig war. Er hatte Jesus, seinen besten Freund und sein Vorbild, enttäuscht. Petrus wollte nicht mehr leben. Johannes weinte. Er wusste weder ein noch aus. Eben hatte der Kaufhausdetektiv den Telefonhörer aufgelegt. Gleich würde sein Vater kommen und ihn abholen.

Petrus hatte gehört, dass Jesus auferstanden war und noch einmal alle seine Jünger sehen wollte. Petrus traute sich nicht hinzugehen. Er konnte Jesus nicht mehr gegenübertreten, nach allem, was er getan hatte. Er konnte ihm nicht mehr in die Augen sehen.

Sein Vater, der so große Stücke auf ihn hielt. Der sich die größte Mühe gab, um einen ordentlichen Menschen aus ihm zu machen. Den hatte er jetzt so enttäuscht. Und alles wegen dieser einen CD. Johannes bereute es so sehr. Alles hätte er gegeben, um seine Tat rückgängig machen zu können. Aber das ging nicht. Am liebsten wäre er tot.

Die anderen Jünger überredeten Petrus, doch mitzugehen.

Nun saß Petrus allein am Lagerfeuer und starrte vor sich hin.

Da klopfte es. Die Tür ging auf und sein Vater kam herein. Johannes konnte die Tränen nicht zurückhalten. Er konnte seinen Vater nicht anschauen.

Plötzlich kam Jesus auf ihn zu und schaute ihm lange in die Augen. Dann umarmte er ihn. Wieder schossen Petrus die Tränen in die Augen. Doch diesmal nicht aus Verzweiflung, sondern aus Freude. Jesus hatte ihn so lieb, dass er ihm seinen Fehler verzieh. Und nicht nur das, er bekam auch noch eine neue Chance, denn Jesus traute ihm eine große Aufgabe zu: Er, der Versager Petrus, sollte die frohe Botschaft von Jesus allen Menschen weitersagen. Und diesmal würde er Jesus nicht enttäuschen.

1. Zwei Geschichten sind durcheinander geraten. Lest jeweils die zusammengehörenden Teile.

2. Die Geschichte mit Johannes ist noch nicht zu Ende. Sammelt Möglichkeiten, wie sie weitergehen könnte.

3. Worin gleichen sich die beiden Geschichten, worin unterscheiden sie sich?

4. Welche Konsequenzen ergeben sich für Petrus, weil Jesus ihm seinen Fehler verzeiht?

5. Wie müssten sich die Eltern von Johannes verhalten, wenn sie sich an Jesus ein Beispiel nehmen würden?

Der beste Freund Timo

Jörg hatte sich in Sophia, die neue Schülerin, verknallt. Alles hätte er dafür gegeben, wenn sie mit ihm gegangen wäre. Allerdings wagte er es nicht, sie zu fragen. Timo, seinem besten Freund, vertraute er unter dem Siegel der Verschwiegenheit seine Gefühle an.

Als Jörg am nächsten Tag in die Klasse kam, wurde überall getuschelt. Der Unterricht begann und die Klassenlehrerin öffnete die Tafel. Jörg merkte, dass er knallrot wurde. Er meinte, in den Erdboden versinken zu müssen. Auf der Tafel war eine Figur gezeichnet, die unschwer als Jörg zu erkennen war. Auf den Brillengläsern waren Herzchen gemalt und die Hose war vorn ausgebeult. Darüber stand in einer herzförmigen Sprechblase: „Sophia, ich liebe Dich so. Lass mich doch endlich ran!"
Die Klasse grölte vor Begeisterung. Timo schaute feixend zu Jörg.
In der Pause kam Sophia wütend auf ihn zu: „Und mit dir Gartenzwerg fang ich ganz bestimmt nichts an." Die Klassenkameraden johlten.
Timo schaute weg.
Einige Wochen später suchte Timo mit Jörg eine Aussprache.

1. Wie beurteilt ihr das Verhalten von Jörg, Timo, Sophia und der übrigen Klasse?

2. Bei wem könnte sich unter Umständen das Gewissen regen? Warum? Was wären die Voraussetzungen dafür?

3. Warum sucht Timo das Gespräch mit Jörg?

4. Spielt das Gespräch mit verschiedenen Ergebnissen.

5. Beurteilt die verschiedenen Gesprächsergebnisse. Vergleicht sie mit der Jesus-Petrus-Geschichte.

Petrus hat Jesus verleugnet. Er ist schuldig geworden und kann dies nicht wieder gutmachen. Petrus bereut seine Tat sehr. Jesus verzeiht ihm. Petrus erhält eine neue Chance und kann einen neuen Anfang machen. Aus Dankbarkeit stellt Petrus sein Leben in den Dienst Jesu.

Das Gleiche gilt auch für uns. Auch wenn wir einen Fehler machen und ihn bereuen, ist für uns bei Gott ein Neuanfang möglich. Aus Dankbarkeit darüber können wir unseren Mitmenschen ihre Fehler auch verzeihen.

Arbeit macht das Leben süß

Faulenzen noch viel süßer...

1. Sind die Bauarbeiter gerade bei der Arbeit oder haben sie Freizeit? Diskutiert darüber.

2. Worin unterscheidet sich Arbeit von Freizeit? Versucht, in Partnerarbeit jeweils eine Definition zu finden: Arbeit ist ...; Freizeit ist ...

3. Zeichne für jeden Tag der letzten Wochenhälfte (Do – So) eine Tagesuhr und trage deine verschiedenen „Zeiten" farbig ein: blau = Arbeitszeit, rot = Freizeit, grün = sonstige Zeit. Vergleicht eure Verteilungen.

4. Erstelle eine Tabelle mit den drei Spalten „Arbeitszeit", „Freizeit" und „sonstige Zeit". Ordne diesen Bereichen Tätigkeiten zu, die du in der letzten Woche gemacht hast.

5. Teile die Zeiten in deiner letzten Woche ein in:

   a) gut genutzte Zeit – verlorene Zeit

   b) schnell vergehende Zeit – langsam vergehende Zeit

6. Für was möchtest du dir gerne mehr Zeit nehmen?

Arbeit und Freizeit in der Familie

Frau Bühler (Hausfrau) bügelt; Tochter Pia (Schülerin, 8. Klasse) sieht fern.

Mutter: Bald kommt Vater nach Hause.

Vater klingelt, Mutter öffnet die Tür. Vater geht sofort an den Tisch und legt die Füße hoch.

Vater: Ich brauche jetzt dringend ein Bier!

Mutter: Hol dem Papa ein Bier aus dem Keller!

Tochter: Was? Der soll selber gehen, der soll nicht so faul sein!

Vater: Unverschämtheit! Ich bin schließlich der einzige, der hier den ganzen Tag arbeitet!

Das Leben der meisten Menschen unterteilt sich in Arbeit und Freizeit. Doch was ist Arbeit und was ist Freizeit? Die Unterscheidung fällt manchmal gar nicht so leicht.

1. Spielt die Szene. Was könnten Mutter und Tochter dem Vater antworten?

2. Was sagt Herr Bühler mit seiner Aussage „Ich bin schließlich der einzige, der hier den ganzen Tag arbeitet" über die Tätigkeiten einer Hausfrau und einer Schülerin aus?

3. Könnt ihr der Meinung von Herrn Bühler zustimmen? Sprecht in Gruppen darüber. Sucht mindestens fünf Argumente, welche die Meinung von Herrn Bühler widerlegen.

Rhythmus gehört zum Leben:
Alles hat seine Zeit

Eine alte Weisheit aus der Bibel

Alles, was auf Erden geschieht, hat seine von Gott bestimmte Zeit:

MONTAG

geboren werden hat seine Zeit, **sterben** hat seine Zeit

einpflanzen hat seine Zeit, **ausreißen** hat seine Zeit

töten hat seine Zeit, **Leben retten** hat seine Zeit

niederreißen hat seine Zeit, **aufbauen** hat seine Zeit

weinen hat seine Zeit, **lachen** hat seine Zeit

klagen hat seine Zeit, **tanzen** hat seine Zeit

Steine werfen hat seine Zeit, **Steine aufsammeln** hat seine Zeit

umarmen hat seine Zeit, **sich aus der Umarmung lösen** hat seine Zeit

finden hat seine Zeit, **verlieren** hat seine Zeit

aufbewahren hat seine Zeit, **wegwerfen** hat seine Zeit

zerreißen hat seine Zeit, **zusammennähen** hat seine Zeit

schweigen hat seine Zeit, **reden** hat seine Zeit

lieben hat seine Zeit, **hassen** hat seine Zeit

Krieg hat seine Zeit, **Friede** hat seine Zeit

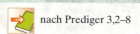 nach Prediger 3,2–8

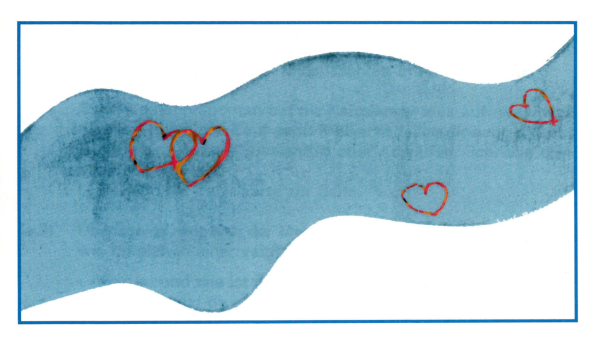

1. Der Bibeltext macht deutlich, dass es im Leben eines Menschen Zeiten für ganz gegensätzliche Tätigkeiten gibt. Nenne Beispiele dafür aus dem Text und aus deinem Leben.

2. Welche Tätigkeiten oder Erfahrungen aus deinem Leben lassen sich in einer Tabelle „Gute Zeiten / Schlechte Zeiten" zuordnen? Nicht immer ist eine eindeutige Zuordnung möglich. Nennt Beispiele.

3. Für welche Zeiten in deinem Leben bist du besonders dankbar? Wem könntest du dafür danken?

4. Thomas Zacharias bekam den Auftrag, ein Bild zu diesem Bibeltext zu malen. Was könnte er sich dabei gedacht haben?
Du bist sein Kunstlehrer. Welche Note würdest du dem Bild geben? Begründe deine Entscheidung. Versucht, euch zunächst in der Gruppe, dann in der Klasse auf eine Note zu einigen.

5. Male einen Fluss mit Stationen aus deinem Leben. Verwende dabei auch Begriffe oder Symbole aus dem Bibeltext.

Arbeit – muss das sein?

MITTWOCH

In einem Hafen liegt ein ärmlich gekleideter Mann in einem Fischerboot und döst. Ein schick angezogener Tourist legt eben einen neuen Film in seinen Fotoapparat, um die Szene zu fotografieren: blauer Himmel, grüne See, schwarzes Boot, rote Fischermütze. Klick. Das Geräusch weckt den Fischer, der sich schläfrig aufrichtet und nach einer Zigarette sucht. „Sie werden heute einen guten Fang machen", sagt der Tourist. Der Fischer schüttelt den Kopf. „Wollen Sie heute nicht hinausfahren?" „Nein, ich war heute schon draußen." „War der Fang gut?" „Er war sogar sehr gut. Fast zwei Dutzend Makrelen – da habe ich noch für morgen und übermorgen genug." Der Tourist schüttelt den Kopf. „Ich will mich ja nicht in ihre persönlichen Angelegenheiten mischen, aber stellen sie sich mal vor, Sie fahren ein zweites, ein drittes oder ein viertes Mal hinaus und fangen drei, vier oder zehn Dutzend Makrelen!" Der Fischer nickt. „Spätestens in einem Jahr könnten Sie sich einen Motor kaufen, dann vielleicht ein zweites Boot und in drei Jahren vielleicht einen Kutter. Sie könnten ein kleines Kühlhaus bauen, vielleicht eine Räucherei, später eine Marinadenfabrik, mit einem eigenen Hubschrauber herumfliegen, die Fischschwärme ausmachen und Ihren Kuttern mit Funk Anweisungen geben. Sie könnten ein Fischrestaurant eröffnen, Hummer nach Paris exportieren ..." Dem Touristen verschlägt es vor Begeisterung fast die Stimme. „Und dann ..." „Was dann?", fragt der Fischer. „Dann", sagt der Tourist, „könnten Sie beruhigt hier im Hafen sitzen, in der Sonne dösen – und auf das herrliche Meer blicken." „Aber genau das tue ich doch jetzt schon", antwortet der Fischer. „Ich sitze beruhigt hier am Hafen, döse in der Sonne – nur Ihr Klicken hat mich dabei gestört."

Heinrich Böll

1. Warum fährt der Fischer nicht noch einmal aufs Meer hinaus? Warum würde der Tourist an der Stelle des Fischers aufs Meer hinausfahren? Findet für beide Positionen drei Argumente und diskutiert diese.

2. Ordnet die nebenstehenden Aussagen jeweils dem Fischer oder dem Touristen zu. Welche Lebenseinstellung findest du besser? Was bedeutet das für deine eigene Lebensplanung?

3. Formuliert jeweils drei Fragen, die ihr gern dem Fischer und dem Touristen stellen würdet.

4. Diskutiert in Gruppen die Frage: Lebt der Mensch, um zu arbeiten, oder arbeitet der Mensch, um zu leben?

- *zufrieden mit dem, was er hat;*
- *will mehr als er hat;*
- *ist glücklich;*
- *ist hektisch;*
- *voller Tatendrang;*
- *denkt selbst im Urlaub ans Arbeiten;*
- *denkt auch an Arbeitstagen ans Ausruhen;*
- *plant alles genau;*
- *denkt nur wenige Tage voraus;*

- *arbeitet nur, wenn es sein muss;*
- *Arbeit ist ein wichtiger Teil seines Lebens;*
- *steht in der Gefahr, vor lauter Arbeit das Leben nicht genießen zu können;*
- *hat für Notzeiten zu wenig vorgeplant*

Es zeigt sich, dass die Mehrzahl der Lottomillionäre nach einer gewissen Zeit wieder beginnen zu arbeiten, obwohl sie dies aus finanziellen Gründen nicht mehr nötig hätten.

Nach ihrer Ausbildung ist Meike als Friseuse sehr gefragt. Von Freunden und Bekannten bekommt sie Angebote, sonntags und montags gegen gute Bezahlung privat Haare zu schneiden. Sie fragt sich, ob sie ihre Freizeit dafür verwenden soll.

Kevin, gelernter Kfz-Mechaniker, ist arbeitslos geworden. Er bekommt jetzt Arbeitslosenunterstützung und hat viel Freizeit. Kevin denkt darüber nach, ob er mit seiner Situation zufrieden sein kann.

5. Tauscht eure Meinungen dazu aus.

Arbeit: Spaß oder Last?

Die Schüler und Schülerinnen der achten Klasse haben ein vierzehntägiges Berufspraktikum hinter sich. Wieder in der Schule, ziehen sie Bilanz, was ihnen an ihrem erkundeten Beruf gefallen hat und was nicht.

Lisa arbeitete als Kinderkrankenschwester
Ich musste öfters mal den Kindern den Hintern abwischen. Die Kolleginnen haben mich manchmal schikaniert. Die Kinder aber waren süß. Es war sehr schön, dass ich ihnen helfen konnte.

Andreas arbeitete in einer Großküche
Die Arbeit war oft eintönig und langweilig. Nicht so gut war, dass ich wenig selbstständig machen konnte und immer nur Anweisungen entgegennehmen musste. Die Pasteten sind mir aber sehr gut gelungen. Das haben auch alle gesagt. Da war ich richtig stolz darauf.

Patrick arbeitete als Fliesenleger auf einer Baustelle
Mir tat jeden Abend der Rücken weh. Ich finde den Beruf aber gut, weil man da viel Geld verdienen kann. Dann kann man sich auch was leisten. Ich will mit 18 ein Auto kaufen und möglichst bald daheim ausziehen.

Manuela arbeitete in einer Schlosserei
Es war sehr anstrengend. Abends war ich oft so kaputt, dass ich nur noch ein bisschen Fernsehen geschaut habe und dann ins Bett bin. Ins Volleyball-Training bin ich in diesen 14 Tagen nicht gegangen. Die Zusammenarbeit mit den Kollegen hat mir aber gut gefallen.

Sandro arbeitete als Tierpfleger im Zoo
Mein Chef hat gesagt, dass ich eine besondere Begabung hätte, mit Tieren umzugehen. Auch die anderen Tierpfleger waren mit mir sehr zufrieden. Es hat mich sehr gefreut, dass meine Arbeit so anerkannt wurde.

Mark arbeitete in einem Warenlager
Eigentlich ist ein Lager richtig zu verwalten eine sehr interessante Aufgabe. Ich saß aber fast den ganzen Tag vor dem Computer und gab immer nur Zahlen ein. Das war langweilig. Abends hatte ich oft Kopfweh. Ich habe gemerkt, dass ich mir die vielen Tastenkombinationen nicht gut merken kann.

Karen arbeitete als Kosmetikerin
Es hat mir gefallen, dass man immer gut angezogen sein muss. Als Kosmetikerin kann ich mich vielleicht mal selbstständig machen. Ich finde, das Ansehen bei anderen Menschen ist größer, wenn man einen guten Beruf hat.

DONNERSTAG

1. Welche Arbeit der Jugendlichen hättest du am liebsten gemacht? Warum?

2. Was hat den Jugendlichen jeweils an ihrer Arbeit gefallen und was nicht?

3. Schreibt auf blaue Kärtchen, was Spaß an einer Arbeit machen kann, und auf rote, was an einer Arbeit belastend sein kann. Heftet die Zettel an die Tafel. Was überwiegt? Vergleicht und diskutiert die einzelnen Beiträge. Sammelt eure Ergebnisse in einer Tabelle.

Arbeiten – wenn, dann richtig!

Bis 40 ranklotzen und dann leben

Lieber Björn,   17. März

Leider konnte ich nicht zu unserem Klassentreffen kommen, aber du weißt ja: Time is money! Seit unserem letzten Treffen geht es bei mir nur aufwärts. Ich habe mich als Versicherungsvertreter selbstständig gemacht und kann mich vor Abschlüssen kaum retten. Zwar arbeite ich ca. 14 Stunden am Tag, dafür rollt die Kohle. 5000 Euro monatlich – netto natürlich – sind immer drin. Ich habe mir zu meiner Eigentumswohnung nun noch einen Porsche gekauft und überlege, ob ich nochmals in Immobilien investieren soll. Nächste Woche beziehe ich ein neues Büro,

doppelt so groß wie das alte und mit zwei Sekretärinnen. Die Beziehung zu Lisa ist zurzeit nicht so gut, sie fühlt sich vernachlässigt und überlegt sich, ob sie mit den Kindern ausziehen soll – aber von nichts kommt halt nichts. Und für den ganzen Familienkram habe ich ja später noch Zeit. Bis 40 ranklotzen und dann leben – das ist mein Motto.

Entschuldige die Kürze des Briefes, aber es gibt viel zu tun. Es wäre schön, dich mal wieder zu sehen. Komm doch mal vorbei, aber rufe vorher an, damit ich einen Termin für dich freihalten kann.

Bis bald, Rick

Lieber Björn,

                    4. November

mir geht es im Augenblick sehr schlecht. Es ist wie ein Schlag ins Gesicht, wenn dir der Arzt sagt: Lungenkrebs – kaum Hoffnung, noch länger als ein halbes Jahr zu leben. Du merkst plötzlich, alles, was du dir aufgebaut hast, ist unwichtig und sinnlos. Was habe ich denn gehabt von meinem Leben? Nur Arbeit. Mein Leben ist rum. Ich habe alles verpfuscht. Wenn nur Lisa und die Kinder noch bei mir wären.

Ich würde gerne mit dir reden. Es wäre schön, wenn du Zeit hättest. Du weißt ja, dass ich von Gott und Kirche nie viel gehalten habe. Aber

zurzeit mache ich mir sehr viel Gedanken über dies alles. Wenn Geld, berufliche Karriere nicht das Wichtigste ist, was ist es dann? Was habe ich denn eigentlich falsch gemacht? Was hätte ich denn anders machen sollen? Vielleicht schlägt die Chemotherapie ja doch an, und ich bekomme noch einmal eine Chance.

Ich hoffe, dich bald zu sehen! Bring mir bitte einige Bücher mit, ich habe nun viel Zeit zu lesen. Kannst du auch eine Bibel mitbringen? Die Zeit drängt und ich will noch viel lernen.

Bis bald, Rick

FREITAG

1. Welche Lebensziele hatte Rick? Welche Werte waren für ihn wichtig?

2. Warum äußert Rick in seinem zweiten Brief Zweifel an diesen Werten? Welche Werte können in einer solchen Situation helfen?

3. Rick verlangt nach einer Bibel. Welche Absichten und welche Hoffnungen könnte er damit verbinden?

4. Rick stößt in der Bibel auf das Gleichnis vom reichen Kornbauern (Lukas 12,16-21). Er bezieht das Gleichnis auf seine Situation. Wo gibt es Parallelen, wo Unterschiede?

Lieber Rick,

es freut mich sehr, dass die Chemotherapie geholfen hat und sich die Metastasen nicht mehr ausbreiten. Vielleicht hast du es ja mit der Arbeit und dem Geldverdienen wirklich übertrieben. Gestern ist mir zufällig ein Zeitungsartikel in die Hände gefallen, bei dem ich sofort an dich denken musste. Du merkst bestimmt, warum.

Ganz herzliche Grüße, Björn

SAMSTAG

Der Mensch als Mitarbeiter in der Schöpfung Gottes

für Rick!

Arbeit ist ein bedeutender Teil des menschlichen Lebens. Der Mensch erhält mit seiner Schöpfung auch einen Arbeitsauftrag: „Gott der Herr nahm den Menschen und setzte ihn in den Garten Eden, dass er ihn bebaute und bewahrte." (1. Mose 2,15) Das heißt, zum Wesen des Menschen gehört eine sinnvolle Tätigkeit bzw. eine sinnvolle Arbeit. Sinnvoll ist eine Arbeit, wenn sie die Schöpfung bebaut und bewahrt und sorgsam mit den Schöpfungsgütern, wie Tieren, Pflanzen, Rohstoffen und Energien, umgeht.

Da der Mensch auch Teil der Schöpfung ist, muss Arbeit auch sorgsam mit den Menschen und mit ihren Beziehungen untereinander umgehen.

Aufgrund biblischer Aussagen lässt sich Arbeit durch drei Merkmale kennzeichnen:

1. Arbeit ist gut für mich, indem sie mir hilft, zu erkennen, was in mir steckt und meine eigentliche Bestimmung zu erreichen.

2. Arbeit ist gut für die Schöpfung, indem sie Leben erhält und sorgsam mit den Tieren, Pflanzen und Rohstoffen umgeht.

3. Arbeit ist gut für die Gemeinschaft, indem sie anderen Menschen hilft, Beziehungen zwischen den Menschen fördert und Raum lässt für Familie und Freunde.

1. Welche Merkmale kennzeichnen nach biblischem Verständnis die menschliche Arbeit?

2. Suche für jedes Merkmal zwei Beispiele.

3. Bewertet Ricks Leben und seine Arbeit vor der Krankheit anhand dieser Merkmale.

4. Du bist Rick. Der Zeitungsartikel beeindruckt dich. Formuliere einen kurzen Brief an Björn, in dem du die Konsequenzen beschreibst, die sich daraus für deine weitere Lebensgestaltung ergeben könnten.

Arbeit kann Segen oder Last sein. Zwei Bibelstellen erzählen davon:
- „Im Schweiße deines Angesichts sollst du dein Brot essen." (1. Mose 3,19)
- „Was deine Arbeit dir eingebracht hat, das wirst du auch genießen. Wie glücklich du sein kannst." (Psalm 128,2)

5. Erstellt zu den Berufen Kindergärtnerin, Maler und Lackierer, Kaufmann/frau im Einzelhandel jeweils eine Tabelle, in der ihr das, was „Segen", d.h. positiv sein kann, dem gegenüberstellt, was „Last", d.h. negativ sein kann.

6. Was könnte an deinem Wunschberuf Segen und Fluch sein?

Freizeit

Freizeit in der Kirche

DUSCHE + WC

1. Welche Freizeitangebote entdeckst du auf dem Bild?
   Könntest du dir vorstellen, an einer solchen Freizeit teilzunehmen? Was würde dir gefallen, was vielleicht nicht?

2. Entwerft ein Plakat oder einen Prospekt, in dem für diese Freizeit geworben wird.

3. Erkundigt euch über die Freizeitangebote in eurer Kirchengemeinde.

4. Was machst du in deiner Freizeit am liebsten? Erstelle eine Rangliste deiner zehn liebsten Freizeitbeschäftigungen. Vergleicht eure Ranglisten miteinander. Wo gibt es Gemeinsamkeiten? Welche Freizeitaktivitäten könntet ihr auch zu zweit oder zu mehreren durchführen?

5. Inwieweit sollte in der Freizeit auch Raum sein für Fragen nach der eigenen Lebensgestaltung, nach Lebenszielen oder für die Frage nach Gott?

6. Projekt:
   Welche Freizeitangebote gibt es in eurer Stadt? Bildet Gruppen und besucht jeweils eine Freizeiteinrichtung. Interviewt Mitarbeiter zu ihren Tätigkeiten. Erstellt eine Präsentation, in der ihr „eure" Freizeiteinrichtung den Mitschülern vorstellt.

Endlich Sonntag – Gott sei Dank

„Ein internationaler Vergleich hat ergeben, dass die Schüler und Schülerinnen der Bundesrepublik Deutschland in den Fächern Mathematik und Englisch sehr viel schlechter abgeschnitten haben als die Schüler und Schülerinnen in den anderen Ländern Europas. Um auf dem internationalen Markt langfristig wettbewerbsfähig zu bleiben, hat die Bundesregierung heute beschlossen, dass ab dem nächsten Schuljahr in allen allgemein bildenden Schulen samstags und sonntags jeweils fünf Stunden Unterricht stattfinden.

Und nun zum Wetter."

1. Was haltet ihr von dem Beschluss der Bundesregierung?

2. Sammelt Gründe, warum ihr einen freien Sonntag braucht.
Entwerft verschiedene Protestplakate mit jeweils einem dieser Gründe und einem Bild, aus dem hervorgeht, wozu man den Sonntag stattdessen sinnvoller nutzen kann.

3. Du bekommst einen Job angeboten, bei dem du im Monat 6 000 Euro verdienst. Allerdings musst du sieben Tage in der Woche arbeiten, bekommst aber dafür im Jahr zwei Monate Urlaub. Sammelt Gründe, die für oder gegen diesen Job sprechen. Würdest du den Job annehmen?

Sonntag – ein tolles Geschenk von Gott

Am siebten Tag hatte Gott sein Werk vollendet und ruhte von all seiner Arbeit aus. Gott segnete den siebten Tag und erklärte ihn zu einem heiligen Tag, der ihm gehört.

 1. Mose 2,2-3

Sechs Tage lang kannst du deine Arbeit tun, aber am siebten Tag sollst du alles ruhen lassen. Auch die Menschen und Tiere, die für dich arbeiten, sollen sich an diesem Tag erholen können.

2. Mose 23,12

Am Sonntag bekommt der Mensch Gelegenheit, Abstand zu sich und seinem Tun zu gewinnen. Der Sonntag gibt dem Menschen Zeit,
- sich zu erholen und auszuruhen,
- über sich und sein Leben und damit auch über Gott nachzudenken,
- mit anderen zusammen zu sein und zu feiern.

1. Was machst du sonntags? Schreibe jede deiner Sonntagsaktivitäten jeweils auf einen Zettel. Sammelt die Zettel und überprüft die einzelnen Tätigkeiten, ob sie den biblischen Anforderungen entsprechen.

26. September 2004

Auch dieser Sonntag war wieder stinklangweilig. Heute Morgen musste ich schon um neun aufstehen, denn wir haben Tante Rosa im Altersheim besucht. Ich wollte nicht mit, schon wegen der beknackten Kleider, die ich da immer anziehen soll. Deswegen gab es wieder mal Streit mit meinen Eltern.

Danach machten wir auch noch einen bescheuerten Spaziergang mit der ganzen Familie — voll peinlich, wie so eine Hammelherde. Wenn wenigstens die Geschäfte sonntags offen wären!

Dann das gemeinsame Mittagessen — sonntags muss ja immer zusammen gegessen werden. Kann denn nicht jeder Mensch essen, wann er Hunger hat? Ob der Sonntagsmittagsessenszwang nicht gegen die Menschenrechte verstößt? Muss mich deswegen mal mit Amnesty International in Verbindung setzen.

Danach ging Vater zum Fußball und meine Mutter in die Apotheke, weil sie Notdienst hatte. Im Fernsehen kam wie immer auch nichts Gescheites. Ich wäre gerne mit Olga ins Kino gegangen, aber das Kino ist weit weg und sonntags fährt in unserm Kaff kein Bus in die Stadt. Außerdem darf Olga sonntags sowieso nie zu mir, weil ihre Eltern sagen, dass sonntags die Familie zusammenbleiben soll.

Irgendwo hab ich gelesen, dass die Selbstmordrate sonntags viel höher ist als an den anderen Wochentagen — wundern braucht einen das nicht. Und wenn ich dann noch im Relibuch lese „Der Sonntag — ein tolles Geschenk von Gott", lach ich mich kaputt. Ich jedenfalls bin froh, wenn morgen wieder die Schule anfängt.

Eines weiß ich: Wenn ich mal eine Familie habe, dürfen meine Kinder sonntags machen, was ihnen Spaß macht.

1. Warum erlebt Daniela den Sonntag nicht als „tolles Geschenk von Gott"?

2. Wie alle Menschen hat auch Daniela ein Bedürfnis nach Erholung und mit ihren Freunden zusammen zu sein. Auch ihr ist es wichtig, über sich und ihr Leben nachzudenken. Warum kann Daniela bei diesem Sonntagsverlauf ihren Bedürfnissen nicht nachkommen?

3. Welchen Tipp könnt ihr Daniela geben, dass sie den Sonntag trotz ihrer familiären Situation als „Geschenk Gottes" erleben könnte?

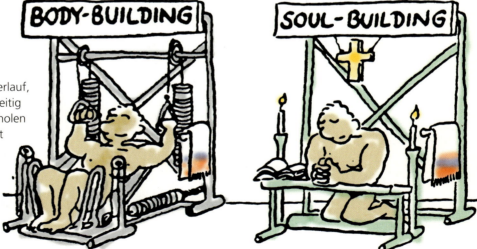

4. Beschreibt einen Sonntagsverlauf, der euch gefällt und gleichzeitig Raum dafür lässt, sich zu erholen und über sich und über Gott nachzudenken.

5. Was ist Soul-Building? Inwieweit ist Body-Building mit Soul-Building vergleichbar? Was findet ihr wichtiger?

Menschen bekommen Hilfe
Jeder hat Probleme … jeder?

Ursula ist mit ihren Eltern aus Russland gekommen. Sie hat Heimweh und findet keine Freundin.

Maria T. (79) lebt allein in einer Zweizimmerwohnung. Sie kann sich zwar noch weitgehend selbst versorgen, doch alles schafft sie nicht mehr allein. Ihre Nachbarin meint, sie solle sich in einem Altersheim anmelden.

Peter S. hat eine schwere Nervenkrise durchgemacht. Nachdem er längere Zeit in einer Psychiatrischen Klinik behandelt worden war, ist er jetzt wieder zu Hause. Er hat jedoch Schwierigkeiten, sein tägliches Leben zu meistern.

Familie Becker lebt mit ihren drei Kindern in einer Dreizimmerwohnung. Sie haben Schulden und streiten sich oft, weil das Geld nicht reicht.

Tanja schreibt morgen eine Mathearbeit. Sie hat schon zwei Fünfen geschrieben und hat große Angst.

Frau und Herr Klaasen arbeiten beide in Schichtarbeit. Sie haben finanziell keine Sorgen. Ihr Sohn muss sich oft selbst das Essen machen und geht meistens allein zu Bett.

Lenas Eltern haben sich getrennt. Der neue Lebenspartner ihrer Mutter kommt mit Lena nicht zurecht. Er beginnt Lena zu schlagen. Die Mutter kann der Gewalt nichts entgegen setzen.

Seit Franz S. vor Jahren ein Schicksalsschlag aus der Bahn warf, lebt er auf der Straße. Gerne möchte er wieder sesshaft werden, eine feste Bleibe haben. Doch irgendwie schafft er das nicht.

1. Beschreibt die verschiedenen Situationen. Wo könnten Menschen Hilfe brauchen?

2. Welche Hilfen könnten die Menschen jeweils brauchen? Wer könnte jeweils helfen?

3. Kennt ihr selbst Menschen, die Hilfe brauchen? Wer könnte ihnen helfen?

4. Gibt es Situationen, in denen du schon einmal Hilfe gebraucht hättest?

5. „Alle Menschen brauchen irgendwann einmal Hilfe." Stimmt dieser Satz? Begründet eure Meinung.

6. Wenn dieser Satz stimmt, welche Konsequenzen ergeben sich daraus?

Not sehen und handeln

Barmherzigkeit: ein anderes Wort für Mit-Fühlen, Mit-Leiden und Mit-Helfen

Dann fand ihn Ali Özgül. Er sah den Mann und hatte Mitleid. Er ging zu ihm hin, legte ihn in die stabile Seitenlage, wischte ihm das Blut mit dem Taschentuch aus dem Gesicht und öffnete ihm den Hemdkragen.

Zufällig kam ein Pfarrer denselben Weg entlang; der sah ihn, bekam es mit der Angst zu tun, weil er fürchtete, in eine Prügelei verwickelt zu werden, und machte sich davon. Doch er nahm sich vor, sofort Hilfe zu holen.

Ein Mann fuhr mit der S-Bahn nach einem langen Arbeitstag, müde und erschöpft, nach Hause. Beim Verlassen der S-Bahn-Station wurde er von einer Gruppe Jugendlicher überfallen. Sie durchsuchten ihn, schlugen ihn nieder; dann gingen sie weg und ließen ihn halb tot liegen.

Er bat einen Vorbeigehenden, mit dem Handy einen Rettungswagen zu rufen. Seine Jacke hatte er schon ausgezogen und dem Verletzten unter den Nacken gelegt.

Auch ein Sozialarbeiter musste an dieser Stelle vorbei; er sah den Verletzten und dachte: „Ein Verletzter … soll'n die Kollegen sich drum kümmern!" und ging in Eile weiter.

Als der Rettungswagen eintraf, ließ er sich das Krankenhaus nennen, in das der Verletzte gebracht wurde. Er besuchte den Mann dort mehrmals.

1. Ordne den Text in der richtigen Reihenfolge.

2. Vergleiche den Text mit Lukas 10,30–37. Welche Parallelen und welche Unterschiede fallen dir auf?

3. Özgül und der barmherzige Samariter haben sich so verhalten, wie es Jesus von uns fordert: Wir sollen dem helfen, der unsere Hilfe braucht.
   a) Gibt es Situationen in deinem Leben, in denen du Menschen begegnet bist, die deine Hilfe gebraucht hätten? Sammelt solche Situationen an der Tafel.
   b) Oft fällt es uns schwer, Hilfsbedürftigen zu helfen. Was könnten Gründe dafür sein?

> Viele Menschen denken: Mein Glaube ist meine Privatsache und geht niemanden etwas an. Wer aber die Botschaft von Jesus ernst nimmt, der kann an der Not der Welt und an der Not Einzelner nicht vorbeigehen. Christen sollen sich für andere Menschen einsetzen. Wenn jemand einem Hilfsbedürftigen hilft, ist das so, als wenn er Jesus geholfen hätte.

Die sechs Werke der Barmherzigkeit

1. a) Welche sechs Notsituationen sind auf dem Bild dargestellt?
   b) Woran erkennt man die Hilfsbedürftigen?

2. Welche Möglichkeiten der Hilfe erkennt ihr jeweils?

3. Mit welchen Menschen hat der Künstler versucht Jesus darzustellen?

4. In Matthäus 25,40 sagt Jesus:
   - Ich bin hungrig gewesen, und ihr habt mir zu essen gegeben.
   - Ich bin durstig gewesen, und ihr habt mir zu trinken gegeben.
   - Ich bin ein Fremder gewesen, und ihr habt mich aufgenommen.
   - Ich bin nackt gewesen, und ihr habt mich gekleidet.
   - Ich bin krank gewesen, und ihr habt mich besucht.
   - Ich bin im Gefängnis gewesen, und ihr seid zu mir gekommen.

   Wo auf dem Bild ist Jesus dargestellt?

5. Jesus nennt sechs Beispiele, wie Christen ihren Mitmenschen helfen können. Schreibt diese Sätze unter der Überschrift „Die sechs Werke der Barmherzigkeit" in euer Heft.

6. Formuliert eigene Sätze, die in der heutigen Zeit ausdrücken, was Jesus meinte, z. B.: Ich war schlecht im Sportunterricht, und ihr habt mich nicht ausgelacht. Ich kann nicht richtig deutsch, und ihr … Ich …

Diakonie – gelebter Glaube

Die Anfänge der Diakonie

Hungernde, zerlumpte Kinder ohne Zuhause, die bettelnd in Banden durch die Straßen ziehen – das können wir uns heute in Deutschland kaum noch vorstellen. Vor 200 Jahren jedoch waren große Teile der Bevölkerung sehr arm und krank. Für sie gab es kaum Hilfe. Viele Eltern starben an Krankheiten, andere zwangen ihre Kinder zum Betteln und Stehlen. Oft kümmerte sich niemand um sie.

Auch der Pfarrer des Städtchens Winnenden sah das Elend täglich und beschloss zu helfen: Er wollte so vielen Kindern wie möglich Nahrung, ein Zuhause und eine gute Erziehung verschaffen. So warb Pfarrer Friedrich Heim unermüdlich für seinen Plan und sammelte Spenden und Helfer. 1823 konnte er seine „Kinderrettungsanstalt" mit 20 Kindern eröffnen. Königin Pauline hatte ihn unterstützt, deshalb nannte er seine Einrichtung „Paulinenpflege".

Ein Jahr später kamen zwei gehörlose und ein blindes Kind hinzu. Man versuchte sich auf ihre besonderen Bedürfnisse einzustellen. Arme Gehörlose hatten sonst noch nirgends eine besondere Betreuung erfahren, deshalb kamen immer mehr Gehörlose nach Winnenden. Bald wurde ein Taubstummenlehrer eingestellt. Lange Zeit wurden hörende und gehörlose Kinder gemeinsam unterrichtet – eine große Herausforderung. Erst 1837 konnte ein Haus extra für die Gehörlosen eingerichtet werden. Bis zum Jahr 1845 war die Einrichtung so gewachsen, dass zu den 65 bis 70 Jugendlichen in der „Rettungsanstalt" noch 35 Gehörlose aufgenommen werden konnten. Begonnen hatte alles mit dem Einsatz eines Einzelnen, der sich für die Hilfsbedürftigen einsetzte. Die Amtskirche entdeckte das diakonische Helfen erst im Lauf der Jahre als ihre Aufgabe.

Die Paulinenpflege Winnenden ist bis heute stetig gewachsen. Sie bietet vielen Gehörlosen oder Mehrfachbehinderten eine Heimat. Sie verfügt über zahlreiche Spezialeinrichtungen im Bereich der Berufsausbildung für Gehörlose, Schwerhörige und Sprachbehinderte.

1. Was gab den Ausschlag dafür, dass vor ca. 180 Jahren begonnen wurde, Kranken und Behinderten zu helfen?

2. Was hat sich durch die Initiative von Pfarrer Heim für Hilflose und Behinderte vor 180 Jahren verändert?

3. Was hat die Gründung der „Kinderrettungsanstalt" mit der Betreuung Behinderter heute zu tun?

4. Erkundigt euch, wo es in eurer Nähe diakonische Einrichtungen gibt. Sammelt Informationen über deren Geschichte.

Das Diakonische Werk heute

Hättest du das gewusst?

Die Diakonie bietet für Jugendliche /
Die Diakonie ist einer der /
sich auf Jesus /
erhält im Jahr ca. 10.000 Anrufe /
In Deutschland arbeiten etwa /
wie Krankenhäusern, Altenheimen, Kindergärten,
   Beratungsstellen u.v.a. /
größten Arbeitgeber in Deutschland /
Fast 400.000 Menschen arbeiten in Deutschland /
zahlreiche Ausbildungsplätze in verschiedensten Bereichen an /
Es gibt etwa 31.000 diakonische Einrichtungen /
450.000 Menschen bei der Diakonie /
Die Diakonie beruft /
ehrenamtlich in der Diakonie /
Die Telefonseelsorge in einer deutschen Großstadt

1. Die Satzteile sind durcheinander geraten. Schreibe die jeweils zusammengehörenden Satzhälften unter der Überschrift „Wissenswertes über die Diakonie" in dein Heft.

1. Wie müsste jemand sein, den/die ich super fände?

2. Der im Bild dargestellte Superman trägt das Kronen-Kreuz-Symbol der Diakonie (Krone + Kreuz = Kronenkreuz). Welche Bedeutung hat dieses Symbol? Zeichne das Kronenkreuz mit der Erklärung in dein Heft.

3. Berichtet von euren Erfahrungen, wie man sich als Helfender, als Hilfsbedürftiger fühlt?

4. Mit wessen Hilfe rechne ich – und wer darf mit meiner Hilfe rechnen?

5. Du bist Grafiker. Gestalte einen Aufkleber für die Diakonie in deinem Heft!

6. Rechenaufgabe:
   „Löst" diese Rechenaufgaben in eurem Heft, indem ihr für das Fragezeichen jeweils einen passenden Begriff einsetzt. Erfindet selbst solche „Rechenaufgaben" und schreibt den gesuchten Begriff farbig.

7. Ladet eine Schwester der Sozialstation oder einen Altenpfleger in den Unterricht ein.

Not + Hilfe	= Diakonie
Hunger + ?	= Diakonie
? + Wasser	= Diakonie
Fremdsein + ?	= Diakonie
Nacktsein + ?	= Diakonie
? + Heilung	= Diakonie
Gefängnis + ?	= Diakonie

Wie kann ich helfen?

Maren im Diakoniepraktikum

Die 8a der Mörikeschule macht ein vierzehntägiges Berufspraktikum. Maren hat sich für ein Praktikum in der Diakonie entschieden. Sie verbringt zwei Wochen in der Paulinenpflege Winnenden und arbeitet dort mit gehörlosen, blinden oder geistig behinderten Menschen. Hier beschreibt sie einen typischen Tag:

Der Tag im Pflegeheim beginnt für mich um 8 Uhr mit dem gemeinsamen Frühstück: Die Pflegekräfte und ihre Patienten essen zusammen. Ich helfe den Patienten, die ihre Bewegungen nicht kontrollieren können, beim Brötchenschmieren und führe ihnen das Essen zum Mund. Danach muss ich mit abräumen und mache mich in der Küche nützlich.

Gegen 9 Uhr habe ich mich heute mit dem taubstummen Manfred beschäftigt und ihm bei Bastelarbeiten geholfen. Manfred hat vor einigen Tagen begonnen, mir die Gebärdensprache beizubringen. Ich glaube, ich mache ganz gute Fortschritte.

Gegen 10.30 Uhr habe ich in der Stadt einige Einkäufe für die Betreuer gemacht. Ich habe Bastelartikel eingekauft, Klebestifte, große Pappen und Buntstifte. Dann bin ich noch beim Fotogeschäft gewesen und habe einige Fotos abgeholt, von der Grillparty, die wir letzte Woche hatten.

Den Rest der Zeit vor der Mittagspause verbrachte ich mit Anna. Sie ist geistig behindert. Wir haben zusammen ein Haus aus Legosteinen gebaut. Uff, das war keine leichte Aufgabe, denn Anna war heute wieder mal unruhig und hat immer wieder Bausteine auf den Boden geworfen.

Um 12 Uhr war wie immer das gemeinsame Mittagessen. Da helfe ich mit, die Rollstuhlfahrer in den Speisesaal zu fahren – und dann natürlich wieder beim Essen selbst. Nach dem Küchendienst hatte ich heute sogar noch etwas Zeit, mit dem Discman ein bisschen zu relaxen.

Ab 14 Uhr hatte ich im Therapieraum wieder Dienst. Dort habe ich die schwerhörige und geistig behinderte Ursula betreut. Seit zwei Tagen arbeite ich mit Ursula zusammen an einer Collage: Mit Buntstiften, alten Bildern und Zeitungsausschnitten möchte ich mit Ursula ein großes Blatt zu ihrem Lebenslauf gestalten.

Ab 16 Uhr habe ich dann beim Aufräumen geholfen. Danach konnte ich gegen 16.30 Uhr heimgehen. Ich war ganz schön platt – wie jeden Tag –, aber trotzdem glücklich. Natürlich mache ich nicht alles gern, was ich im Diakoniepraktikum so erlebe. Aber der Kontakt zu den behinderten Leuten macht mir trotzdem viel Spaß und füllt mich irgendwie aus.

1. Was haltet ihr von Marens Praktikum?

2. Was Maren machen muss, ist nicht immer leicht. Welche Tätigkeiten könntest du auch machen, welche würden dich vielleicht einiges an Überwindung kosten?

3. Maren muss für ihr Berichtsheft täglich ein Formblatt ausfüllen, auf dem sie ihre verschiedenen Tätigkeiten und die dafür notwendige Zeit einträgt. Erstellt für diesen Tag eine solche Tabelle.

4. Maren hatte schon ein Berufspraktikum als Bankkauffrau gemacht. Nun merkt sie, dass die Arbeit in einem diakonischen Beruf für sie befriedigender ist. Welche Erfahrungen könnten sie zu dieser Einschätzung gebracht haben?

5. Sammelt Gründe, die für einen diakonischen Beruf sprechen.

Schöpfung

Bebauen und bewahren

... und siehe, alles war sehr gut

„WIR HABEN DIE ERDE VON UNSEREN KINDERN NUR GELIEHEN."

INDIANERHÄUPTLING

1. Sammelt Beispiele dafür, was Gott in der Welt alles gut und schön geschaffen hat.

2. Wie müssen die Menschen mit der Erde umgehen, wenn sie ihnen nicht gehört, sondern sie die Erde nur geliehen haben?

3. Gott gab dem Menschen folgenden Auftrag:
Bebaue und bewahre die Erde! (vgl. 1. Mose 2,15)
Gestalte zu diesem Text in deinem Heft eine ähnliche „Graffiti-Wand".

Lobe den Herrn, meine Seele!

Den Herrn will ich preisen:
Herr, mein Gott, wie bist du so groß!
Du lässt **Quellen** entspringen und zu **Bächen** werden;
zwischen den **Bergen** suchen sie ihren **Weg**.
Sie dienen dem **Wild** als **Tränke**,
Wildesel löschen dort ihren Durst.
An den **Ufern** bauen die **Vögel** ihre **Nester**,
aus dichtem **Laub** ertönt ihr Gesang.
Vom **Himmel** schickst du den **Regen** herab auf die **Berge**;
so sorgst du dafür, dass die **Erde** sich satt trinkt.
Du lässt **Gras** wachsen für das **Vieh**
und **Pflanzen**, die der **Mensch** für sich anbaut,
damit die **Erde** ihm **Nahrung** gibt:
Der **Wein** macht ihn froh,
das **Öl** macht ihn schön,
das **Brot** macht ihn stark.
Herr, was für Wunder hast du vollbracht!
Alles hast du weise geordnet;
die **Erde** ist voll von deinen **Geschöpfen**.
Ich will dem Herrn danken!
Preist den Herrn!   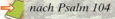 *nach Psalm 104*

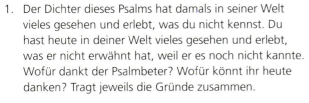

1. Der Dichter dieses Psalms hat damals in seiner Welt vieles gesehen und erlebt, was du nicht kennst. Du hast heute in deiner Welt vieles gesehen und erlebt, was er nicht erwähnt hat, weil er es noch nicht kannte. Wofür dankt der Psalmbeter? Wofür könnt ihr heute danken? Tragt jeweils die Gründe zusammen.

2. Übertrage den Psalmtext in Schönschrift in dein Heft. Schreibe die fett gedruckten Wörter dabei nicht als Wörter, sondern fertige stattdessen jeweils eine kleine Zeichnung an.

3. Suche dir aus Psalm 104 ein Motiv aus der Natur aus und male oder fotografiere es.
Gestaltet eine Bilderausstellung mit euren Werken.

4. Macht einen Unterrichtsgang und sucht Dinge, in denen das Schöne der Schöpfung zu erkennen ist.
   a) Untersuche deine Fundstücke genau (Form, Farben). Wie fühlen sie sich an? Wie riechen sie?
   b) Stelle deine Gegenstände deinen Mitschülern vor und zeige, was dir daran gefällt.
   c) Wähle einen Gegenstand aus und konzentriere dich ganz auf ihn. Dein Lehrer/deine Lehrerin kann dabei den Psalm 104 vorlesen – evtl. untermalt von ruhiger Musik.
   d) Stellt eure gesammelten Materialien zu einer Ausstellung „Die Schöpfung ist schön" zusammen.

Jeder Mensch ist ein Ebenbild Gottes

Dann sagte Gott:
Jetzt will ich den Menschen machen,
mein Ebenbild, das mir ähnlich ist.
So schuf Gott den Menschen
als sein Ebenbild,
als Mann und Frau schuf er sie.

 1.Mose 1,27

1. Die dargestellten Menschen sind Ebenbilder Gottes. Was könnte bei jedem „göttlich" sein?

2. Auch du bist ein Ebenbild Gottes. Was könnte an dir „Göttliches" sein?

Unzumutbar!?

Thomas Neumann hatte bei UDC-Reisen für 1499 € eine dreiwöchige Reise nach Teneriffa gebucht. Zu der Reisegruppe gehörte auch Claudia P., eine querschnitts-gelähmte 27-jährige Frau. Nach Ablauf der Reise verklagte Thomas Neumann den Reiseveranstalter auf Schadensersatz in Höhe von 1000 € wegen entgangener Urlaubsfreuden. In der Begründung führte Thomas Neumann an: „Der Anblick einer Querschnittsgelähmten ist für mich abstoßend gewesen, sodass ein Urlaub, der mich den Alltag vergessen lässt – wie es der Reiseveranstalter im Reiseprospekt verspro-chen hatte – nicht mehr möglich war." Das Gericht gab Thomas Neumann Recht und verurteilte das Reiseunternehmen UDC zur Zahlung eines Schadenersatzes von 800 €.

Gegen dieses Urteil protestierte die Gruppe „Lebensrecht", eine Selbsthilfegruppe behinderter Menschen. Sie erreichte die Neuaufnahme der Gerichtsverhandlung.

1. Wie beurteilt ihr die Klage von Thomas Neumann?
   Wenn ihr bei dieser Reisegruppe dabei gewesen wärt, hättet ihr euch dieser Klage angeschlossen? Begründet eure Meinung.

2. Wie wird diese Klage und das Urteil wohl auf Claudia P. gewirkt haben?

3. Spielt die Verhandlung mit folgenden Personen: Thomas Neumann, Vertreter des Reise-unternehmens UDC, Claudia P., Vertreter der Gruppe Lebensrecht, Zeugin Nicole L., die ebenfalls Teilnehmerin der Reise war.

Was behinderte Menschen sich von ihren Mitmenschen wünschen

- Starrt uns nicht an, wenn ihr uns auf der Straße begegnet.
- Überseht uns nicht, wenn wir auf etwas warten.
- Habt Geduld, wenn wir nicht so schnell sind wie nicht behinderte Menschen.
- Wendet euch nicht ab, wenn ihr uns im Restaurant oder anderswo begegnet.
- Sprecht nicht über uns, sondern mit uns.
- Behandelt uns nicht wie Kranke oder kleine Kinder. Gebt uns die Möglichkeit, wie nicht behinderte Menschen zu leben.
- Wenn ihr nicht wisst, ob ihr uns helfen sollt, dann fragt uns.
- Bezieht uns in euer Leben ein.
- Gestaltet eure Umwelt so, dass wir uns darin uneingeschränkt bewegen können.
- Gebt uns die Möglichkeit, am öffentlichen Leben teilzunehmen.

4. Welche dieser Wünsche haltet ihr für besonders wichtig?
   Schreibt die fünf wichtigsten in euer Heft und begründet eure Meinung.

5. Sammelt Beispiele, wie eure Schule und deren Umgebung gestaltet werden müsste, damit sich behinderte Menschen problemlos zurechtfinden können.

Geschaffen als Mann und Frau

Gott der Herr dachte sich: „Es ist nicht gut, dass der Mensch allein lebt. Er soll eine Gefährtin bekommen, die zu ihm passt." Da ließ Gott der Herr einen Schlaf über den Menschen kommen, entnahm ihm eine Rippe und verschloss die Stelle wieder mit Fleisch. Aus der Rippe formte er eine Frau und brachte sie zu dem Menschen.
Da rief dieser: „Endlich gibt es jemanden wie mich! Sie wurde aus einem Teil von mir gemacht – wir gehören zusammen!"
So schuf Gott den Menschen als sein Ebenbild, als Mann und Frau schuf er sie.

nach 1.Mose 1,27 / 1.Mose 2,18.21–23

1. Welche der folgenden Sätze stimmen mit den Aussagen von 1. Mose 1 und 1. Mose 2 überein und welche nicht? Schreibe die „richtigen" Sätze unter der Überschrift „Geschaffen als Mann und Frau" in dein Heft. Formuliere zwei weitere Sätze, die zu der Aussage der Bibelstelle passen.

   – Die Frau soll dem Mann untertan sein.
   – Menschen gibt es als Männer und Frauen. Sie ergänzen sich.
   – Die Verantwortung über die Schöpfung hat vor allem der Mann.
   – Die Bibel erzählt, dass Eva aus der Rippe Adams erschaffen wurde, das bedeutet, dass die Frau dem Mann untergeordnet ist.
   – Gott gibt Mann und Frau Verantwortung über die ganze Schöpfung.
   – Die Frau ist das Ebenbild Gottes.
   – Mann und Frau sind füreinander geschaffen.
   – Der Mann ist das Ebenbild Gottes.
   – Die Bibel erzählt, dass Eva aus der Rippe Adams erschaffen wurde. Das bringt die einzigartige Zusammengehörigkeit und ursprüngliche Verbundenheit der beiden zum Ausdruck.
   – Der Mann ist mehr wert als die Frau, weil er zuerst erschaffen wurde.
   – Nur als Mann und Frau zusammen ist der Mensch das ganze Ebenbild Gottes.

2. Mann und Frau werden als Gefährten bezeichnet, die „zueinander passen". Wie kann dieses „Zueinanderpassen" im Alltag zum Ausdruck kommen?

3. Beschreibt eine Beziehung zwischen Mann und Frau, wie sie nach biblischen Vorstellungen sein sollte.

4. Sammelt Beispiele aus eurem Alltag für Beziehungen, die nicht diesen biblischen Vorstellungen entsprechen.

Auf die Sprache achten

Wenn ich weibliche Schüler meine, sage ich Schülerinnen. Wenn ich Mädchen und Jungen meine, nenne ich beide: Schülerinnen und Schüler. Wenn ich weibliche Lehrer meine, sage ich Lehrerinnen.
Ich kann auch neutrale Begriffe verwenden: Jugendliche, Lehrkräfte, Studierende, …

5. Bearbeitet den folgenden Text, damit er beiden Geschlechtern gerecht wird:

> An alle Schüler!
> Wir suchen noch Mitarbeiter für unsere Umwelt-AG.
> Meldet euch bitte bei euren Lehrern. Vor allem
> brauchen wir Betreuer für unser Schul-Biotop
> und Helfer bei unserer Aktion „Sauberer Schulhof".
> Dazu sind auch alle Freunde unserer Schule eingeladen.

Bedrohte Tiere

90 Prozent aller Legehennen verbringen ihr ganzes Leben in einem engen Drahtkäfig. Meistens drängen sich vier oder fünf Tiere in einem Käfig, jedes Huhn lebt auf einer Fläche von ca. einer DIN A4-Seite Papier.

Jährlich werden etwa 20 Millionen männliche Hühnerküken lebend in eine Art Mixer geworfen, darin zerhackt und ihre Reste als Viehfutter verkauft. Grund: Sie können später keine Eier legen und bringen daher zu wenig Gewinn.

Jährlich werden in Europa rund 250 Millionen Tiere über Grenzen hinweg zu den großen Schlachthöfen gefahren. Meist erhalten sie unterwegs weder Wasser noch Futter. Viele Tiere kommen schon tot an den Schlachthöfen an.

1. Kennt ihr noch andere Beispiele von Tierquälerei? Sammelt Beispiele.

2. Überlegt euch, wie solche Tierquälereien verhindert werden könnten.

3. Beschreibt die einzelnen Fotos. Handelt es sich immer um Tierquälerei? Begründet eure Meinung.

Müssen Tierversuche sein?

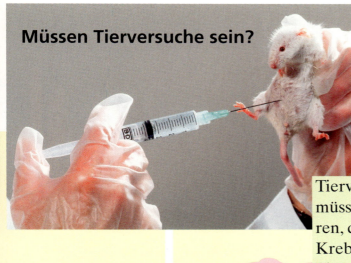

Tiere reagieren doch ganz anders als Menschen. Zum Beispiel giftige Pilze: Was für Menschen giftig ist, ist es für viele Tiere gar nicht. Was beweisen dann Tierversuche?
Kevin, 14 Jahre

Tierversuche müssen sein! Sonst müsste man an Menschen rumprobieren, dabei würden viele sterben. In der Krebsforschung zum Beispiel sind Tierversuche notwendig.
Jens, 13 Jahre

Tiere empfinden genauso Schmerzen wie wir. Ich möchte ja auch nicht „für die Wissenschaft" gequält werden.
Sarah, 15 Jahre

Ich glaube nicht, dass Gott für Tierversuche ist. Tiere sind wie wir Teil seiner Schöpfung und haben genauso ein Recht auf Leben wie wir.
Lucy, 14 Jahre

Tierversuche sollte man nur mit Ratten oder Mäusen machen. Und wenn, dann nur für schlimme Krankheiten wie AIDS und Krebs. Aber nicht für Kosmetik und solchen Blödsinn.
Bayram, 13 Jahre

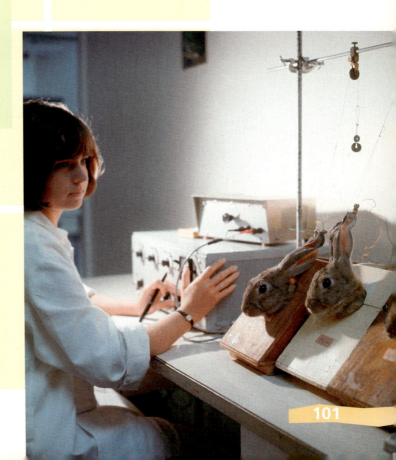

Gefahren für unsere Umwelt

Für das wirtschaftliche Wachstum beuten wir die Rohstoffvorkommen rücksichtslos aus.

Wir verpesten die Luft.

Es ist eine deutliche Zunahme der Naturkatastrophen festzustellen.

Die Löcher in der Ozonschicht werden immer größer.

Wir vergiften das Land mit unseren Abfällen und Chemikalien.

Wir verschmutzen die Ozeane.

Der Treibhauseffekt nimmt immer mehr zu.

Viele der Rohstoffe und der Bodenschätze sind endlich, d. h. wenn sie einmal verbraucht sind, können sie nicht mehr ersetzt werden.

Ein angenehmes Leben ist uns mehr wert als der sorgsame Umgang mit den Bodenschätzen.

1. Ordnet die Fotos und die einzelnen Aussagen den drei Hauptgefahren unserer Umwelt zu:
   • Erschöpfung der Rohstoffe
   • Veränderung des Klimas
   • Zerstörung der Umwelt

2. Ergänzt für jede dieser Gefahren zwei weitere Beispiele.

3. Welche Möglichkeiten siehst du in der Müllvermeidung bzw. in der Mülltrennung?

4. Was versteht man unter dem Begriff „Folgelasten"?

Ein Vormittag im Leben des Schülers M.

Sieben Uhr morgens: Raus aus den Federn, rein ins Bad. Wasserhahn auf, Spraydose raus, Deo unter die Arme. Die Haare noch etwas gestylt, also Festiger drauf. An den Frühstückstisch: „Trink deinen Tee!" „Ach, ich kauf mir was in der Schule." Twix, Mars und Zigaretten eingesteckt. Ach, die Batterien für den Walkman sind leer – ab in den Müll damit. Los geht's zur Schule. Die Lehrer sind alle schon da, ich kenne jedem sein Auto. Große Pause: Her mit der Cola-Dose. Aah, das tut gut. Mit der leeren Dose kann man noch gut Fußball spielen. Der Hausmeister soll's aufsammeln, schließlich wird der ja dafür bezahlt. Mittags zu Hause. Ich schieb' mir 'ne Pizza in die Mikrowelle. Und da ist ja noch ein Becher Schoko-Pudding. Jetzt zur Entspannung die Anlage aufgedreht: voll die Dröhnung!

1. Durch welches Verhalten belastet der Schüler M. die Umwelt? Was könnte er anders machen?

2. Kennt ihr weitere Beispiele für Verhaltensweisen, die auf die Umwelt keine Rücksicht nehmen?

Alles Restmüll oder was?

1. Mülltrennung spart Kosten und schont die Umwelt. Welche Gegenstände wurden hier als Restmüll weggeworfen?

2. Viele der weggeworfenen Materialien lassen sich kostengünstig wieder verwerten, wenn sie getrennt entsorgt werden. In welche Müllbehälter müssten die einzelnen Gegenstände geworfen werden?

Für Gerechtigkeit eintreten

1. Seht euch das Bild eine Weile ruhig an.

2. Der Mann in der Bildmitte ist ein Prophet. Ein Prophet ist ein Gerufener und zugleich ein Rufer. Wer ruft ihn und zu wem ruft er? Seine Körperhaltung macht dies deutlich.

3. Seht euch die Farben und Symbole genau an. Was lässt sich über den Auftrag und die Botschaft eines Propheten erkennen?

4. Die Körperhaltung der Zuhörer zeigt an, was sie von dem Propheten halten. Beschreibt ihre Gedanken mit euren Worten.

5. Was könnte der Prophet den Menschen sagen? Sammelt Beispiele.

6. Sucht im Inhaltsverzeichnis der Bibel die prophetischen Bücher. Was wisst ihr von diesen Propheten. Was würdet ihr gern wissen?

7. Warum schickt Gott Propheten zu den Menschen?

Nachdem Gott das Volk Israel aus der Sklaverei in Ägypten befreit hat, schließt er einen „Bund", also eine Art Vertrag mit Israel: Gott sorgt immer für sein Volk, und das Volk Israel hält Gottes Gebote ein.
Im Lauf der Geschichte kommt es immer wieder zu Situationen, in denen das Volk Israel den Bund mit Gott bricht und seine Gebote nicht mehr einhält.
Dann treten Propheten auf, das sind Männer und Frauen, die das Volk an den Bund mit Gott erinnern und seine Gebote wieder ins Gedächtnis rufen. Sie klagen das Volk in Gottes Namen an. Sie drohen das Gericht Gottes an: Gott wird alle zur Rechenschaft ziehen. Doch die Propheten trösten auch. Sie sprechen von der Hoffnung, dass Gott am Ende alles zum Guten führen wird.

Prophet, Wahrsager oder Zukunftsforscher?

"Ich gehe zu den Menschen und klage im Namen Gottes an."

"Ich benutze verschiedene Hilfsmittel, wie z.B. Glaskugel, Kaffeesatz und Spielkarten."

"Ich bin bei einem Institut angestellt. Meine Auftraggeber bezahlen die Forschungen."

"Ich mache Zukunfts- und Gerichtsaussagen."

"Ich bin von Gott berufen."

"Ich bekomme von niemandem Geld und bin nur Gott verantwortlich."

"Ich mache meinen Beruf, weil ich eine besondere Begabung habe."

"Ich bin Gerufener und Rufer."

"Ich gehe von gegenwärtigen Gegebenheiten aus und rechne sie für die Zukunft hoch."

"Die von mir ermittelten Trends sollen zeigen, worin Gefahren und Chancen zukünftiger Entwicklungen liegen können."

"Mich bezahlen die Menschen, denen ich die Zukunft vorhersage."

"Ich habe meinen Beruf studiert."

"Manche Menschen kommen zu mir, weil sie wissen wollen, wie ihre persönliche Zukunft aussieht."

$$E = mc^2$$

1. Worin bestehen die Unterschiede zwischen einem Propheten, einer Wahrsagerin und einem Zukunftsforscher? Erstellt in eurem Heft eine Tabelle und ordnet jeweils zu.

2. Wer gibt den Vertretern der einzelnen Berufsgruppen Aufträge? Welche Interessen sind damit verbunden?

3. Warum ist es wichtig zu wissen, wer die einzelnen Personen jeweils bezahlt?

4. Erstellt für ein Schülerlexikon einen Beitrag zu dem Stichwort „Prophet im Alten Testament". Der Text darf nicht mehr als 75 Wörter umfassen.

Die Situation in Israel um 760 v. Chr.

Nach dem Tod König Salomos (926 v. Chr.) zerfiel sein Großreich in zwei Teile: das Südreich Juda und das Nordreich Israel. Hauptstadt von Juda war Jerusalem. Dort befand sich der Tempel, den Salomo hatte erbauen lassen. Samaria war die Hauptstadt von Israel. In Bethel und Dan ließ der König des Nordreiches zwei neue Heiligtümer errichten. Beide Staaten waren von anderen Völkern umgeben. Zeiten der Bedrohung und Feindschaft wechselten sich mit Zeiten des Friedens, des Wohlstandes und der guten Nachbarschaft ab.

So ging's zu in Israel

In der Zeit um 760 v. Chr. erlebte Israel unter dem König Jerobeam II. einen wirtschaftlichen und politischen Aufschwung. Ein längerer friedlicher Zeitraum und blühender Handel brachten den Einwohnern großen Reichtum. Allerdings war dieser Reichtum ungerecht verteilt.

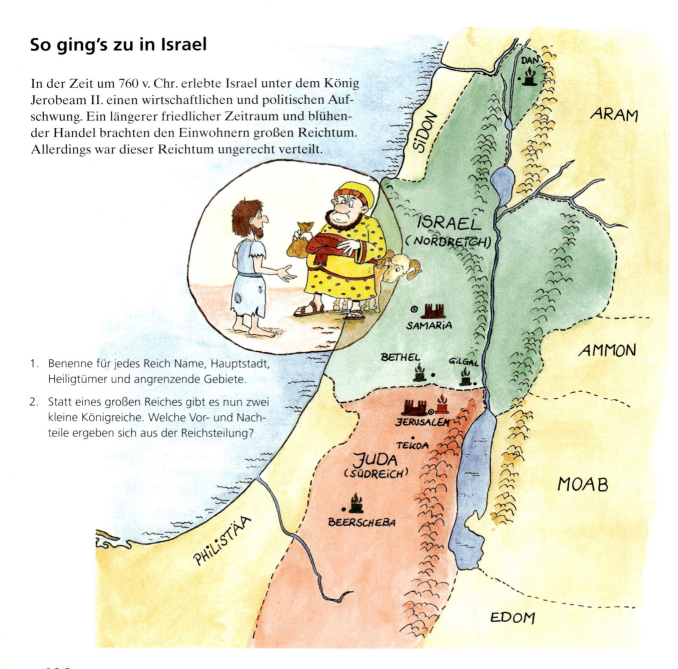

1. Benenne für jedes Reich Name, Hauptstadt, Heiligtümer und angrenzende Gebiete.

2. Statt eines großen Reiches gibt es nun zwei kleine Königreiche. Welche Vor- und Nachteile ergeben sich aus der Reichsteilung?

Omri ist Aufseher des Königs über ein Bauerndorf. Seine Frau möchte ein edles Kleid kaufen. Omri ist zwar reich, aber dafür möchte er sein Geld nicht ausgeben. Er fordert von dem Bauern Rafael 15 Säcke Getreide. Eigentlich müsste Rafael nur 10 Säcke abliefern. Rafael hat Angst, dass er mit seiner Familie nichts mehr zu essen hat. Aber Omri lacht nur und droht Rafael, ihn einsperren zu lassen. Omri nimmt die 15 Säcke, gibt 10 davon dem König und kauft vom Erlös der übrigen fünf seiner Frau das Luxuskleid.

Rafael geht zu Gideon, dem Richter des Dorfes. Er beschwert sich, dass der Aufseher Omri 15 Säcke Getreide von ihm verlangt hat, obwohl der König nur 10 Säcke als Steuer fordert. Gideon stellt Omri zur Rede. Der verspricht ihm jedes Jahr zwei Säcke Getreide, wenn er allen Bauern sagt, dass die Steuer auf 15 Säcke erhöht worden sei. Gideon ist damit einverstanden. Er weist Rafaels Klage zurück. Während Rafaels Familie hungert, bestellt sich Gideon ein neues Luxusbett im Ausland.

Salomo ist ein reicher Bauer in Israel. Ihm gehört fast das gesamte fruchtbare Land im Umkreis seines Heimatdorfes. Rafael kommt zu ihm und möchte Getreide kaufen, damit seine Familie nicht verhungern muss. Salomo fordert einen hohen Preis für sein Getreide. Rafael hat nicht so viel Geld. Doch Salomo gewährt ihm einen Kredit – zu Wucherzinsen. Als Pfand setzt Rafael seinen Hof ein.

Beim Wiegen der Säcke wird Rafael betrogen. Die Gewichte sind gefälscht, so dass er für sein Geld zu wenig Getreide bekommt. Außerdem wurden Getreideabfälle zugemischt. Wieder geht Rafael zum Richter Gideon. Salomo präsentiert jedoch zwei Zeugen, die beschwören, dass die Gewichte richtig waren und das Korn sauber. Für diese Aussage schenkt Salomo jedem von ihnen einen Hammel. Gideon bekommt auch einen Hammel, daraufhin spricht er Salomo frei.

Aufgrund einer langen Trockenheit kann Rafael das geliehene Geld nicht zu dem vereinbarten Termin zurückzahlen. Er bittet Salomo um Aufschub. Salomo lehnt ab und nimmt stattdessen Rafaels Bauernhof in Besitz. Rafael muss jetzt als Arbeiter auf den Sklavenmarkt gehen. Da er seine Familie nicht mehr ernähren kann, leiht er sich noch einmal Geld von Salomo. Als er auch dieses Geld nicht zurückzahlen kann, werden auch Rafaels Frau und seine Kinder zu Sklaven. Sie hausen jetzt in einer baufälligen Baracke am Rand der Stadt.

Der Aufseher Omri, der Richter Gideon und der Großbauer Salomo gehen mit ihren Familien zum Opfergottesdienst nach Bethel. Sie opfern jeder ein teures Kalb und loben und danken Gott, dass er ihnen so viel Segen geschenkt hat. Die übrigen Gottesdienstteilnehmer sind beeindruckt von den teuren Kleidern, die alle anhaben. Der Priester freut sich über die großen Opfergaben und feiert einen prunkvollen Gottesdienst ihnen zu Ehren. Dabei stellt er die drei als lobende Beispiele für fromme und gottesfürchtige Menschen dar.

1. Spielt die einzelnen Szenen, zeichnet sie oder setzt sie in eine dialogische Szene um.

2. Benennt die Ungerechtigkeiten, die in den einzelnen Szenen passieren. Schreibt sie in euer Heft unter der Überschrift „Missstände in Israel um 760 v. Chr."

3. Wie würden sich die Szenen jeweils ändern, wenn sich die Menschen an die Gebote Gottes hielten?

Amos erhält einen Auftrag

Amos und seine Visionen

Um 760 v. Chr. lebte im Südreich Juda, nahe bei Jerusalem, in dem kleinen Dorf Tekoa ein Mann namens Amos mit seiner Familie. Amos war Schafzüchter mit einer eigenen Herde. Auf seinen Äckern baute er Maulbeerfeigen an. Amos war ein wohlhabender und angesehener Mann. Eigentlich hätte er sehr zufrieden sein können, wenn da nicht die komischen Träume und Visionen gewesen wären, die ihn immer wieder plagten. Vor allem vier Träume gingen ihm nicht mehr aus dem Kopf.

Angefangen hatte es damit, dass Amos plötzlich eine riesige Menge von Heuschrecken sah, die das ganze Gras im Land vernichteten. Und ihm war sofort klar: Das ist ein Bild für Israel. Bedeutete dies vielleicht, dass Israel genauso aufgefressen würde wie dieses Gras? „Ach Herr, tu's nicht. Hab doch Erbarmen mit dem kleinen Volk!", rief Amos erschrocken aus. Und Amos hörte Gott antworten: „Also gut, es soll nicht geschehen."

Ein anderes Mal sah er ein schrecklich großes Feuer, das das ganze Land verbrannte mit allem, was darauf wuchs. Wieder dachte er sofort an Israel. Würde ganz Israel auch so verbrennen? „Ach Herr, halt ein!", schrie Amos, „wenn alles verbrannt ist, wer soll das Land wieder aufbauen?" Und wieder hörte Amos Gott antworten: „Es soll nicht geschehen."

Kurze Zeit später meinte Amos plötzlich eine schiefe und brüchige Mauer zu sehen, auf der jemand – etwa Gott? – stand und mit einem Bleilot kontrollierte, ob die Mauer gerade ist. Und Gott sprach zu Amos: „So wie an diese Mauer will ich das Bleilot an mein Volk Israel legen. Ich will keine krummen Sachen mehr übersehen. Ich werde das Land verwüsten, die Heiligtümer zerstören und das Königshaus auslöschen. Ich werde keine Gnade mehr walten lassen." Und diesmal erkannte Amos, dass es zwecklos war, um Verschonung zu bitten.

Und dann war da noch die Sache mit dem Erntekorb. Gott zeigte ihm einen Korb. Darin lag Obst, überreif, fast schon am Faulen. „Reif für sein Ende ist mein Volk Israel", sprach Gott. „Reif für das Gericht. Ohne Erbarmen will ich alles aberntten."

Da erkannte Amos plötzlich, was das alles bedeutete. Gott wollte etwas von ihm. Gott gab ihm einen Auftrag. Gott sagte zu ihm: Geh nach Israel und sage meinem Volk, was es erwartet. Sofort verließ Amos sein Dorf und brach auf nach Israel, in die Hauptstadt Samaria und zum Heiligtum in Bethel, um Gottes Botschaft zu verkündigen.

1. Erstelle in deinem Heft einen tabellarischen Lebenslauf von Amos (Name, Lebenszeit, Beruf, Heimatland, Predigtort).

2. Während Amos für seine Reise ins Nordreich packt, kommt seine Frau dazu. Amos versucht ihr zu erklären, warum er gehen muss. Doch seine Frau kann ihn nicht verstehen und versucht ihn abzuhalten. Ein heftiges Gespräch entwickelt sich. Versucht es zu spielen.

3. Lege eine Tabelle mit genügend Platz an. Zeichne in die erste Spalte untereinander die Visionen, die Amos gesehen hat. Schreibe in die zweite Spalte, wie er es deutet. In die dritte Spalte schreibst du, was Amos bei jeder Vision tut.

4. Zeichne die schiefe Mauer in dein Heft. Schreibe in die einzelnen Mauersteine Missstände, die in Israel zu beobachten sind.

5. Zeichne eine weitere schiefe Mauer, diesmal für Deutschland. Trage in die Mauersteine Missstände ein, die heute in Deutschland zu beobachten sind.

6. Wenn Amos zu euch in die Klasse käme: Welche Missstände könnte er kritisieren? Was würdet ihr ihm antworten?

Die Mauer (= Israel) kann der Überprüfung durch das Bleilot (= Gebote Gottes) nicht mehr standhalten. Der ursprüngliche Bund zwischen Gott und seinem Volk ist zerstört. Das kann nicht ohne Konsequenzen bleiben.

Amos sagt, was (Gottes) Sache ist

Amos wandert nach Samaria, in die Hauptstadt des Nordreichs. Unterwegs wird ihm klar, warum er den Untergang Israels verkündigen soll. Überall sieht er Verstöße gegen Gottes Gebote und große Ungerechtigkeiten. In Samaria angekommen stellt sich Amos sofort auf den Marktplatz und fängt laut an in Gottes Namen zu predigen. Damit alle seine Botschaft mitbekommen, verteilt er auch Flugblätter:

!!!   DAS ENDE IST NAHE   !!!

So spricht Gott, der Herr:
Samaria wird völlig vernichtet werden, die Einwohner getötet oder versklavt.
Es gibt kein Entkommen.

Die Gründe hierfür habt ihr zu verantworten:

■ Luxus auf Kosten der Armen ■

Hört zu, ihr reichen Frauen von Samaria! Ihr denkt nur an gutes Essen und Trinken. Eure Betten sind mit kostbarem Elfenbein geschmückt, ihr esst nur zartes Lamm- und Kalbfleisch, trinkt den besten Wein und pflegt eure Körper mit duftendem Öl. Arbeiten müsst ihr nicht. Ihr unterdrückt die Armen und beutet sie aus. So spricht der Herr: Gott der Herr wird euch wegen eurer Untaten bestrafen und ihr werdet verschleppt und getötet werden. (Amos 4,1–3 und 6,4–7)

■ Scheinheiliger Gottesdienst ■

Ihr haltet die Feiertage ein und versammelt euch zum Gottesdienst. Eure Opfer sind zahlreich und wertvoll, Lieder und Harfenspiel erklingen bei allen Feierlichkeiten. Aber all das verachte ich, es ist mir zuwider, denn eure Frömmigkeit ist nur vorgespielt, im täglichen Leben setzt ihr euch über Gottes Gebote, über Recht und Gerechtigkeit hinweg. Dafür werdet ihr gefangen genommen und in die Verbannung geführt werden. (Amos 5,21–27)

■ Ausbeutung und Unterdrückung ■

Rücksichtslos beuten die Reichen in Israel die Armen und Schwachen aus. Wegen geringer Schulden machen sie die Armen zu ihren Sklaven. Selbst die Kleider werden den Armen schon als Pfand für ihre Schulden weggenommen.
Die Reichen nehmen viel zu hohe Abgaben. Sie erheben falsche Anklagen und bestechen Zeugen und Richter. Beim Handeln betrügen sie: Das Kornmaß ist zu klein, die Waage gefälscht und das Korn mit wertlosem Spreu vermischt. Die Armen im Lande werden mit Absicht unterdrückt und zugrunde gerichtet. So spricht der Herr: Nie werde ich euch diese Untaten verzeihen. Niemand wird sich retten können, niemand mit dem Leben davonkommen. (Amos 2,6–8; 5,10–13; 8,4–6)

1. Welche Zukunft sagt Amos den Bewohnern Israels voraus?

2. Wie begründet er seine Prophezeiung?

3. Was wirft Amos den Reichen vor? Was wirft Amos den Priestern und Gottesdienstbesuchern vor? Stellt die Anklagen des Amos in eurem Heft zusammen.

4. Welche Reaktionen sind auf die Botschaft von Amos zu erwarten?

SAMARIA-RUNDSCHAU

Seit Wochen ist er das Stadtgespräch. Niemand bleibt von seiner Botschaft unberührt. Sein Flugblatt hat Wellen bis in die höchsten politischen Kreise geschlagen. Die Unruhe, die überall in unserer Stadt greifbar ist, hat einen Namen: AMOS. Was ist dran an diesem Mann, an seiner Botschaft? Was denkt die Bevölkerung Samarias über Amos?

Die Samaria-Rundschau führte gestern auf dem Marktplatz eine Befragung durch. Hier einige Äußerungen aus unserer Bevölkerung:

Amos sieht, wie die Oberschicht sich auf unsere Kosten immer mehr bereichert, wie sie uns unterdrückt und ausbeutet. Doch was machen die Priester und ihre Berufspropheten, was machen die Großgrundbesitzer und gekauften Richter? Sie verschanzen sich in ihren Palästen und Villen. Doch nicht mehr lange. Amos weist uns den Weg. Wir wollen nicht büßen für deren Untaten. Wir wehren uns. Und wir sind nicht allein. Gott steht auf unserer Seite. *Joel, Tagelöhner*

Wenn jemand meint, es gehe bei uns nicht mit rechten Dingen zu, soll er doch vor Gericht gehen. Dann wird sich ja zeigen, was hinter diesen haltlosen Anschuldigungen wirklich steckt. *Hannas, Großgrundbesitzer*

Amos spricht klar und deutlich aus, was längst alle denken, aber keiner sich zu sagen traut: Unsere Abgaben sind zu hoch, die Nahrungsmittel zu teuer, Gewichte sind gefälscht und Richter werden bestochen. An unseren Heiligtümern spielen alle die Gottesfürchtigen, erkaufen sich den Segen von den Priestern und im täglichen Leben hält sich kein Mensch an Gottes Gebote. *Jeremias, Kleinbauer*

Jetzt reicht's! Können sich Ausländer bei uns alles erlauben? Wir sollen Gewichte gefälscht und Getreide mit Spreu vermischt haben. Ich frage: Wo sind die Beweise? *Jakob, Händler*

Ein Prophet will Amos sein! Ja kann denn heutzutage jeder hergelaufene Schafhirte sich als Prophet aufspielen? Ich habe manchmal auch Träume. Vielleicht bin ich ja auch ein Prophet? Was gehen den Judäer Amos überhaupt unsere Angelegenheiten an? Wenn's ihm hier nicht passt, soll er doch wieder zurück in sein schönes Juda gehen. Dann haben wir endlich wieder Ruhe bei uns. *Cohen, Priester*

1. Welche Leserbriefe sprechen für, welche gegen Amos? Fasst die Argumente jeweils zusammen.

2. Wie sehen die Armen Amos und seine Botschaft, wie die Reichen?

3. Stell dir vor, der Reporter der „Samaria Rundschau" hätte dich gefragt. Was würdest du sagen?

4. Im Gasthaus „Zum lustigen Esel" trifft sich abends die Stammtischrunde. Gesprächsthema ist „Amos". Es geht lautstark zu. Die Meinungen sind geteilt. Es gibt Gegner und Befürworter. Spielt die Szene.

Das war's – war's das?

*Der Auftritt des Amos hat viel zu reden gegeben und eine riesige Protestwelle ausgelöst.
Der Radiosender SESAM (Sender Samaria) lädt den Tempelpriester Amazja, den
höchsten Priester des Heiligtums in Bethel, ins Studio ein.*

Reporter: Amos hat laut und deutlich seine Meinung zu den Verhältnissen in unserem Land gesagt. Ein Teil seiner Vorwürfe betrifft die Religionsausübung. Ich frage den Tempelpriester Amazja: Hat Amos Recht mit seiner Kritik?

Amazja: Amos behauptet, er rede im Auftrag von Gott. Das ist doch alles Quatsch. Amos ist doch gar kein echter Prophet. Auf welcher Prophetenschule soll er denn gewesen sein? Aus welchem Grund sollte Gott an unseren schönen Festen und Opfern keine Freude haben?

Reporter: Amos behauptet, viele Leute würden im Tempel nur beten und opfern, damit sie gesehen werden und man ihre schöne und teure Kleidung bewundern könne.

Amazja: Wenn sich so ein Viehhirte wie Amos keine wertvollen Kleider leisten kann, ist das sein Problem. Ich freue mich darüber, dass die Menschen, die zum Gottesdienst kommen, sich schön anziehen. Das zeigt, dass sie Gott damit ehren wollen.

Reporter: Amos behauptet weiter, dass die Menschen sich im Gottesdienst zwar fromm und gottesfürchtig zeigen, aber im Alltag oft gerade das Gegenteil tun.

Amazja: Natürlich sind auch bei uns nicht alle Engel. Aber dass Gott dann gleich so vernichtend urteilt, ist doch völlig undenkbar. Immerhin sind wir ja sein erwähltes Volk und haben einen Bund mit ihm.

Reporter: Was werden Sie gegen Amos unternehmen?

Amazja: Amos hat den König beleidigt, und zwar hier in dem Heiligtum, das Jerobeam zur Ehre Gottes gebaut hat. Ich habe dies pflichtgemäß dem König gemeldet. Ich nehme an, dass in einigen Tagen Soldaten des Königs da sind, dann haben die Spinnereien hier ein Ende.

Plötzlich wird die Tür zum Senderaum aufgerissen. Amos stürmt herein und schnappt sich sofort das Mikrofon:

Amos: Ich habe es satt, jeden Tag neue Gerüchte über mich zu hören. Hiermit erkläre ich ein für allemal: Ich bin kein Berufsprophet. Ich rede nicht nach dem Mund des Königs und der Priester wie eure bezahlten Propheten im Tempel.

Ich bin frei. Ich bin Viehzüchter und baue Maulbeerfeigenbäume an. Ich bin einzig Gott gegenüber Rechenschaft schuldig. Er hat mir einen klaren Auftrag gegeben. Ich rede im Namen Gottes zu euch. Durch mich sagt euch Gott, dass euer Ende nahe ist. Ich weiß, dass es schwer ist, der Wahrheit ins Auge zu sehen, aber so ist es. Ich habe nun meinen Auftrag erfüllt. Nun gehe ich zurück in meine Heimat Juda, in mein Dorf Tekoa.

Reporter: Wir haben hier zufällig den Tempelpriester Amazja im Studio. Wollen Sie ihm etwas sagen?

Amos: Du, Amazja, willst mir verbieten, das Wort Gottes zu verkünden? Höre, was dir Gott zu sagen hat: Deine Frau wird hier in der Stadt zur Hure gemacht werden, deine Söhne und Töchter werden im Krieg umkommen, dein Grundbesitz wird verteilt, und du selbst wirst in der Fremde sterben.

1. Was kritisiert Amos an der Religionsausübung in Israel?

2. Was antwortet Amos auf den Vorwurf, er sei kein richtiger Prophet?

3. Amos hat den Auftrag Gottes erfüllt. Doch er kommt nicht zur Ruhe. Auf seinem Rückweg geht ihm vieles durch den Kopf. Überlegt euch in Partnerarbeit drei mögliche Gedanken.

4. Ist Amos mit seiner Mission gescheitert?

5. Wie könnte das Leben des Amos weitergegangen sein?

6. Was meint ihr: Hätte Amos auch an der heutigen Kirche etwas zu kritisieren?

7. Sing Sang Su, eine Krankenschwester aus Korea, lebt seit einigen Wochen in einem Asylantenwohnheim in Deutschland. Wie Amos fällt ihr in unserem Land einiges auf. Was könnte das sein?

8. Beschreibt, wie das Leben in einem Land sein müsste, damit es Amos und somit auch Gott gefallen würde.

> Im Jahre 722 v. Chr. wird Israel von den Assyrern erobert. Samaria wird völlig zerstört. Große Teile der Bevölkerung werden nach Assyrien verschleppt. Fremde Völker aus dem Osten werden im eroberten Gebiet angesiedelt. Israel hört auf als Staat zu existieren. Doch Gott verlässt sein Volk nicht für immer.

Neue Erfahrungen mit Gott

Gott ist mein
Helfer, wenn es
mir schlecht
geht.

Gott ist wie ein Vater
oder eine Mutter,
die mich in den Arm
nimmt und dann
ist alles gut.

Gott hört meine
Gebete, er kennt
mich.

Gott ist wie
Hände, die mich
beschützen.

Gott ist da, wenn
sonst niemand
mehr da ist.

Gott ist mein
Freund, der mit mir
durch dick und
dünn geht.

1. Beschreibt das Bild. Wie könnte sich das Mädchen fühlen?

2. Wie verändert sich die Situation durch die Gegenwart des Engels?

3. Welche Erfahrungen mit Gott drückt das Bild aus?

4. Welchen Aussagen über Gott kannst du eher zustimmen, welchen eher nicht? Was würdest du zu dem Thema „Erfahrungen mit Gott" gerne ergänzen?

1. Welche Erfahrungen mit Gott drücken diese Aussagen aus?

2. Welche Erwartungen oder Hoffnungen an Gott haben Menschen, die sich in Notsituationen befinden?

3. „Gott hilft oft anders, als man denkt." – Inwiefern könnte diese Erfahrung für Menschen, die von Gott enttäuscht sind, hilfreich sein?

4. Male dich und Gott in einem Bild. Für Gott kannst du das Gottes- symbol ☀ einfügen. Bring dabei zum Ausdruck, wie nah oder fern du dich Gott fühlst. Kennt ihr euch oder seid ihr euch fremd? Hast du Angst oder ist Gott dein Freund?

Wie Gott ist, kann jeder Mensch nur durch Erfahrungen mit ihm herausfinden. In der Bibel gibt es Erzählungen von ganz unterschied- lichen Menschen, die ganz unter- schiedliche Erfahrungen mit Gott gemacht haben. Einer dieser Menschen ist der Prophet Elia.

Gott macht stark –
zum Einsatz für Gerechtigkeit

Ein merkwürdiges Todesurteil

Jesreel, 28. Juni 855 v.Chr.

An den Propheten Elia
Tischbe

Lieber Elia,
ich bin Deborah, die Witwe von Nabot. Nabot wurde in der letzten Woche zum Tode verurteilt und gesteinigt, weil er angeblich unseren Gott und den König Ahab beleidigt haben soll. Dabei weiß doch jeder, wie gottesfürchtig Nabot war und dass er sein ganzes Leben bemüht war, Gottes Gebote einzuhalten. Ganz anders z.B. als Ahabs Frau, die Königin Isebel. In aller Öffentlichkeit betet sie den Gott Baal an.
Auch zu Ahab hatte Nabot ein gutes Verhältnis – bis auf die Sache mit dem Weinberg. Immer wieder ist Ahab gekommen und hat Nabot seinen Weinberg abkaufen wollen. Aber Nabot hat immer wieder abgelehnt, obwohl der Preis eigentlich ganz gut war.
Aber jetzt, wo Nabot tot ist, hat Ahab den Weinberg ja doch noch bekommen. Wir hatten ja keine Kinder, dann erbt alles der König. So ist das Gesetz.
Gestern habe ich nun ein Paket ohne Absender erhalten, mit dessen Inhalt ich absolut nichts anfangen kann. Aber irgendwie scheint alles mit dem Tod Nabots zu tun zu haben.
Vor allem vier Fragen gehen mir immer wieder durch den Kopf:
1. Warum wollte der reiche König Ahab unbedingt Nabots Weinberg haben?
2. Warum wollte Nabot seinen Weinberg absolut nicht verkaufen?
3. Was hat sich Ahab einfallen lassen, um den Weinberg doch noch zu bekommen?
4. Hat Ahab dabei gegen Gesetze verstoßen?
Lieber Elia, ich schicke Dir die Sachen aus dem Paket. Wenn du mehr daraus erkennst als ich, könntest du es mir ja schreiben. Im Übrigen kannst du alles so verwenden und so handeln, wie du es für richtig hältst.

Viele Grüße
Deborah

Baal wurde in Kanaan als Gott der Fruchtbarkeit verehrt. Immer wieder kam es zu Auseinandersetzungen zwischen den israelitischen Propheten und den Anhängern des Baal.

Art. 3: Alles Land in Israel gehört Gott. Gott stellt es den Menschen in Israel zur Verfügung. Das Land darf nicht verkauft werden. Es darf nur vererbt werden. Wenn kein Erbe mehr da ist, bekommt es der König.

Art. 5: Wer Gott und den König beleidigt, der wird durch Steinigung hingerichtet.

Art. 7: Du sollst nichts Unwahres über deine Mitmenschen sagen.

Art. 10: Wenn in einem Prozess die Todesstrafe verhängt wird, müssen mindestens zwei Zeugen aussagen.

Art. 11: Ein Unschuldiger darf nicht zum Tode verurteilt werden.

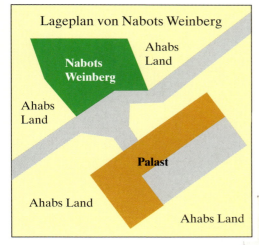

Lageplan von Nabots Weinberg

Nabots Weinberg

Ahabs Land

Ahabs Land

Palast

Ahabs Land

Ahabs Land

Streng geheim:
Königlicher Befehl:
An den Vorsteher von Jesreel:
Ruft einen Festtag aus und gebt Nabot einen der vordersten Plätze. Setzt ihm zwei gewissenlose Kerle gegenüber, die hinterher als Zeugen gegen ihn auftreten und behaupten, er habe Gott und den König beleidigt.
Dann führt ihn vor die Stadt hinaus und steinigt ihn, bis er tot ist.
Dieser Brief ist nach dem Lesen sofort zu vernichten.
A.

Bei einer heimlichen Hausdurchsuchung im Haus der Zeugen gefunden:

Warnung!
Wenn ihr redet, geht es euch wie N.!
A.

Eine Nation atmet auf:

König Ahab lacht wieder

Folgenden Schnappschuss vom König machte unser Reporter Joseph Ben-Had gegenüber dem Sommerpalast in der Stadt Jesreel:

Vielen Dank!
A.

1. Wertet die Unterlagen aus. Welche Zusammenhänge erkennt ihr anhand der Beweismittel?

2. Schreibt der Witwe Nabots einen Brief und beantwortet ihre Fragen.

3. Was soll Elia unternehmen? Sammelt verschiedene Möglichkeiten und einigt euch in Kleingruppen jeweils auf eine Möglichkeit.

Elia ist unsicher, was er machen soll. Soll er den König öffentlich anklagen? Was könnte das für Konsequenzen haben? Elia betet zu Gott. Er spürt, dass Gott ihm den Auftrag gibt, zu Ahab zu gehen.

Mit Gottes Unterstützung traut sich Elia. Er geht zu Ahab und droht ihm und seiner Frau Gottes Bestrafung an. Isebel glaubt nicht an Gott, sondern an Baal. Sie nimmt Elias Worte nicht ernst. Doch Ahab hat große Angst vor Gott. Er bereut, was er getan hat, und bittet Gott um Gnade.

4. Ahab hat seine Macht missbraucht. Auch bei uns gibt es heute Fälle von Machtmissbrauch. Welche kennt ihr a) in der Politik, b) in der Schule, c) in eurem privaten Umfeld?

5. Solchen Machtmissbrauch öffentlich anzuklagen, ist nicht einfach. Welche Schwierigkeiten könnte es dabei geben und welche Möglichkeiten, mit diesen Schwierigkeiten fertig zu werden?

Gott ist stärker!

Der Sport war sein Leben

Der Body-Builder Andreas Münzer ist tot. Unsere Zeitung berichtet über die Hintergründe:

Der Sport war sein Leben. Für die Wettkämpfe mit den Besten der Welt trainierte Münzer sechs bis acht Stunden am Tag, und das sechs Tage in der Woche. Münzer war abhängig von seinem Sport. Gewissenhaft arbeitete er an kleinsten Veränderungen seines Muskelapparats: Jede Trainingseinheit, jede Nahrungsaufnahme, jedes Medikament hielt er akribisch im Computer fest. Und wenn er sich im Spiegel betrachtete, packte ihn der Stolz: „Das ist, als wenn du einen Ferrari hast. Den hat auch nicht jeder." Münzer schluckte und spritzte sich zu Tode. Ein Cocktail aus täglich bis zu zehn Präparaten ruinierte seinen nur äußerlich makellosen Körper. Mit gerade 31 Jahren streikten die Entgiftungsorgane Leber und Niere. Münzer stirbt an „multifunktionalem Organversagen."

1. Was war Andreas Münzer in seinem Leben am wichtigsten?

2. Wie und mit welchen Folgen hat er versucht, dieses Lebensziel zu erreichen?

3. Gibt es Lebensziele, denen du alles unterordnen würdest?

4. Wenn nein, wo liegen bei dir die Grenzen? Wie weit würdest du gehen, um dein Lebensziel zu verwirklichen?

Es gibt nur einen Gott

Heute war der Tag der Entscheidung. Heute sollte ein für allemal geklärt werden: Wer ist der mächtigere Gott? Baal oder der Gott des Volkes Israel? Das ganze Volk war gekommen, um die Entscheidung mitzuerleben, dazu der König, alle 450 Baalspriester und der Prophet Elia.

So war es vereinbart worden: Die Baalspriester und Elia sollten jeweils ein Stieropfer vorbereiten, aber nicht anzünden. Der Gott, der dann das Feuer schickt, um sein Opfer in Brand zu setzen, der sollte der wahre Gott sein.

Zuerst bereiteten die Baalspriester das Opfer auf ihrem Altar vor. Dann beteten sie, ihr Gott solle doch Feuer vom Himmel fallen lassen. Nichts geschah. Die Priester tanzten um den Altar. Nichts geschah. Sie schrien laut und ritzten sich sogar ihre Haut auf, bis Blut floss. Baal sollte sehen, wie ernst es ihnen war. Nichts geschah. Den ganzen Tag flehten die Baalspriester ihren Gott um Hilfe an, aber das Opfertier fing und fing kein Feuer.

Da rief Elia: „Kommt alle her zu mir!" Die Volksmenge wandte sich nun Elia zu und beobachtete, wie er einen Altar baute, um den jungen Stier darauf zu legen. Elia ließ das Opfertier mit ganz viel Wasser übergießen, um deutlich zu machen: Wenn hier Feuer entsteht, dann kann nur Gott selbst es entzündet haben.

Nun begann Elia laut zu beten: „Herr Gott, zeige doch jetzt, dass du der wahre Gott bist. Erhöre mich, damit dieses Volk dich erkennt und wieder umkehrt zu dir!" Da zuckte ein Blitz vom Himmel. Eine riesige Flamme schoss von dem Altar empor, verbrannte das Holz und das Opfer und ließ alles Wasser verdampfen!

Einen Augenblick herrschte ringsherum erschrockenes Schweigen.

Ich bin der Herr, dein Gott. Du sollst keine anderen Götter neben mir haben.

 nach 1. Könige 18, 18–39

1. Wie versuchen die Baalspriester ihren Gott zu beeinflussen, wie Elia seinen?

2. Welche Konsequenzen könnte der Ausgang des Wettstreites für Elia, die Baalspriester und die Zuschauer haben?

3. Zur Zeit Elias verstießen viele Menschen gegen das 1. Gebot, weil sie neben Gott andere Götter anbeteten. Auch heute haben Menschen oft „andere Götter"! Welche „Götter" waren z.B. für Andreas Münzer die wichtigsten? Welche „anderen Götter" gibt es heute noch?

4. Im Vergleichskampf zwischen Elia und den Baalspriestern erkennen die Menschen, dass die anderen Götter zu schwach sind. In welchen Situationen könnten wir heute erkennen, dass „andere Götter" wie Geld, Besitz, Karriere „zu schwach" sind?

Gott hilft – oft anders, als man denkt

Elia begegnet Gott auf seinem Weg

Isebel lässt Elia verfolgen, weil er ihren Gott Baal lächerlich gemacht hat. Elia ist in Lebensgefahr. Er hat große Angst und flieht.

Plötzlich wird Elia geweckt. Ein Engel steht vor ihm, reicht ihm Brot und Wasser und sagt: „Steh auf und iss, du hast noch einen weiten Weg vor dir."

Elia flieht in die Wüste. Dort ist er allein und hat Zeit zum Nachdenken. Er ist verzweifelt und weiß nicht, wie es weitergehen soll. Erschöpft schläft er ein.

1. Zeichne den Weg Elias in dein Heft. Male für die Stationen Flucht, Wüste, Brot und Wasser, Höhle und Gotteserfahrung jeweils ein passendes Symbol.

2. In einem übertragenem Sinn können diese fünf Stationen Elias auch für uns heute noch eine Bedeutung haben. Ergänze die Tabelle auf Seite 121 anhand der Fragen.

3. Zeichne einen Lebensweg für dein bisheriges Leben. Welche Stationen, welche Höhe- und Tiefpunkte hast du erlebt? Trage entsprechende Symbole ein.

4. Gott zeigt sich Elia nicht in den gewaltigen Naturereignissen, sondern im leichten Windhauch. Was bedeutet dieses Bild im Blick auf heutige Gotteserfahrungen?

Gestärkt und mit neuem Mut geht Elia den langen Weg bis zum Horeb, dem Gottesberg. Dort findet er in einer Höhle Schutz.

Gott will sich Elia vor der Höhle zeigen. Zunächst kommt ein gewaltiger Sturm, doch Gott ist nicht im Sturm. Danach kommt ein schweres Erdbeben, aber Gott zeigt sich nicht im Erdbeben. Danach kommt ein Feuer, aber auch im Feuer findet Elia Gott nicht. Als das Feuer vorüber ist, kommt ein ganz leichter Windhauch. Und Elia erkennt Gott.

Wegstrecke	Bedeutung allgemein	mögliche Bedeutung für mich
Flucht	Vor wem oder was sind Menschen heute auf der Flucht?	Vor was möchte ich manchmal am liebsten davonlaufen?
Wüste	Welche Situationen können Menschen heute dazu bringen, sich in die Einsamkeit zurückzuziehen?	Wann willst du allein sein? Wohin gehst du dann?
Brot und Wasser	Was ist für Menschen heute lebenswichtig?	Was brauchst du, um leben zu können? Was gibt dir neue Kraft?
Höhle	Wann oder vor was suchen Menschen heute Schutz und Zuflucht? Wohin können sie sich wenden?	Bei welchen Anlässen würdest du dich am liebsten in einer Höhle verstecken? Was sind für dich Orte und Räume des Schutzes und der Geborgenheit?
Gotteserfahrung	In welchen Situationen könnte man sagen: „Da war Gott zu spüren"?	Gibt es in deinem Leben Situationen, in denen du sagen könntest: „Da war Gott zu spüren"?

Elia hat am eigenen Leib erfahren:
1. Gott gibt Mut und Kraft, um sich für andere einzusetzen und Unrecht anzuklagen.
2. Gott ist stärker als andere Götter.
3. Gott kann sich auch im Kleinen zeigen und hilft in der Verzweiflung.

Gott ist erfahrbar – er hat viele Gesichter

Ist Gottes Wirken auch heute noch erfahrbar?

Maria ist völlig verzweifelt, weil sich Hanno, ihr langjähriger Freund, von ihr getrennt hat. Immer wieder erzählt sie ihrer besten Freundin Lara, dass sie sich ein Leben ohne Hanno nicht mehr vorstellen kann.

Giovanne hat sich bei einem schweren Motorradunfall beide Beine gebrochen.

Ralf betet, dass Gott ihm hilft, eine Lehrstelle als Bankkaufmann zu bekommen. Ralf bekommt keine. Nach einem Test vermittelt die Berufsberaterin Ralf eine Ausbildungsstelle als Schreiner.

Maren (17 Jahre) hat zum ersten Mal mit einem Jungen geschlafen. Ihre Periode bleibt aus und der Junge will nichts mehr von ihr wissen. Maren ist völlig verzweifelt. Sie betet, dass sie nicht schwanger ist. 9 Monate später bekommt sie ein gesundes Baby.

Sina hat die Aufnahmeprüfung in die Realschule nicht geschafft. Ihre Eltern sind sehr enttäuscht.

1. Beschreibt die Bildgeschichte und lest die Szenen. In welchen der Situationen könnten die Betroffenen sagen, dass Gott ihnen nicht geholfen hat?
   In welchen Situationen könnten sie sagen, dass Gott ihnen geholfen hat?

2. Wie und durch wen könnte Gott jeweils geholfen haben?

3. Gibt es Situationen in deinem Leben, in denen man sagen könnte, dass Gott dir geholfen hat?

Spuren im Sand

Ein Mann hatte eines Nachts einen Traum.
Er träumte, dass er mit Gott am Strand spazieren ging.
Am Himmel zogen Szenen aus seinem Leben vorbei,
und für jede Szene waren Spuren im Sand zu sehen.
Als er auf die Fußspuren im Sand zurückblickte,
sah er, dass manchmal nur eine Spur da war.
Er bemerkte weiter, dass dies zu Zeiten größter Not
und Traurigkeit in seinem Leben war.
Deshalb fragte er Gott:
„Herr, ich habe bemerkt, dass zu den traurigsten Zeiten
in meinem Leben nur eine Fußspur zu sehen ist.
Du hast aber versprochen, immer bei mir zu sein.
Ich verstehe nicht, warum du mich da,
wo ich dich am nötigsten brauchte,
allein gelassen hast."
Da antwortete ihm Gott:
„Ich liebe dich und würde dich niemals verlassen.
In den Tagen, als du am meisten gelitten hast
und mich am nötigsten gebraucht hast,
da, wo nur eine Spur im Sand zu sehen ist,
da habe ich dich getragen."

1. Es gibt Situationen, in denen fühlen sich Menschen von Gott allein gelassen.
   Hast du selbst auch solche Erfahrungen gemacht?
   Was sagt diese Geschichte über solche Gotteserfahrungen aus?

Sonderbar – wunderbar

Warten auf ein Wunder

1. In welcher Notlage könnte sich das Mädchen befinden?

2. Was könnte sich das Mädchen von einem Wunder erhoffen?

3. Wie könnte sich die Situation des Mädchens außer durch ein Wunder noch verbessern?

Meinungen über Wunder

Es gibt keine Wunder. Alles hat natürliche Ursachen.

Im letzten Schuljahr bin ich nicht sitzen geblieben. Daran sieht man doch, dass es Wunder gibt.

Es ist erwiesen, dass auch heute Dinge passieren, die mit dem Verstand nicht erklärt werden können. Deshalb glaube ich, dass es Wunder gibt.

Jesus war ein besonderer Mensch und konnte Wunder tun. Deshalb sind die biblischen Geschichten darüber auch wahr.

Ein paar von den Wundern von Jesus können ja passiert sein. Vielleicht die einfachen, wie z. B. einige Krankenheilungen. Aber einen verwesenden Toten zum Leben auferwecken – ganz bestimmt nicht.

Jesus hat nur Tricks gemacht. Wenn man heute einen guten Zauberer sieht, kann man sich bei vielen Sachen auch nicht vorstellen, wie die funktionieren.

Die Wundererzählungen sind vielleicht nur bildlich oder symbolisch gemeint. Man muss sich überlegen, was sie wirklich bedeuten sollen.

Alles, was sich die Menschen damals nicht erklären konnten, war für sie ein Wunder. Wir wissen heute besser Bescheid. Deshalb fällt es uns schwer zu glauben, dass Jesus diese Wunder wirklich getan hat.

Ich möchte ja gern glauben, dass Jesus Wunder getan hat. Aber ich kann es mir einfach nicht vorstellen.

Meine Tante hatte Krebs. Die Ärzte haben gesagt, sie hätte keine Chance mehr. Aber plötzlich breiteten sich die Metastasen nicht mehr aus und gingen sogar zurück. Heute ist sie wieder ganz gesund, und niemand weiß warum. Seitdem glaube ich an Wunder.

1. Welchen dieser Meinungen kannst du am ehesten zustimmen?

2. Welche Meinung hast du zu Wundern?

3. Sammelt in Kleingruppen Meinungen, Erlebnisse von euch selbst oder von anderen zu dem Thema Wunder. Fragt auch Lehrer, Eltern und Bekannte.

4. Jesus hat Wunder getan. Welche Wundergeschichten kennt ihr? Was denkst du darüber?

> Jesus hat Wunder getan. Die Wundergeschichten von Jesus wurden zwar nicht von Augenzeugen aufgeschrieben, sie beruhen aber auf Erinnerungen an Jesus. Immer schon wurden die Wunder Jesu auch als bildhafte Erzählungen verstanden, die gedeutet werden können. In den Wundergeschichten leben die Erfahrungen vieler Menschen mit Jesus weiter.

Glück? Schicksal? Wirken Gottes?

Mannheim, dpa. In der Nacht von Samstag auf Sonntag ereignete sich auf der B 38 in Mannheim auf der Höhe des Stadtteils Vogelstang ein schwerer Autounfall. Auf der Heimfahrt von einem Disco-Besuch gerieten zwei 17-Jährige und zwei 18-Jährige aus noch ungeklärter Ursache mit ihrem PKW ins Schleudern. Sie kamen von der Straße ab und prallten mit hoher Geschwindigkeit auf ein parkendes Fahrzeug. Dabei überschlug sich der PKW nach Augenzeugenberichten mehrfach. Rettungssanitäter und Feuerwehr waren sofort am Unfallort. Trotz des Totalschadens an beiden Fahrzeugen blieben alle vier Insassen unverletzt.

Sachverständiger: Die Investitionen in die Sicherheitsstandards von Autos wie Airbags und Seitenaufprallschutz machen sich doch bezahlt.

Sanitäter: Ein Schutzengel hat da aber nicht gereicht.

Mutter der 17-Jährigen: Ich kann es immer noch nicht glauben, dass meiner Tochter bei einem solchen schlimmen Unfall nichts passiert ist. Da müssen übersinnliche Kräfte am Werk gewesen sein.

Polizist: Gut, dass sie ABS hatten. Aber wenn sie 50 Meter vorher ins Schleudern gekommen wären, wären sie frontal auf den Betonpfeiler geprallt. Da hätte es keine Überlebenden gegeben.

Zeugin: Da hat Gott seine Hand im Spiel gehabt.

Feuerwehrmann: Da hat es das Schicksal aber noch einmal gut gemeint.

Nachbarin des 18-jährigen Fahrers: Gerade letzte Woche hat er sich einen kleinen Glücksbringer an die Windschutzscheibe gehängt. Und ich habe noch gesagt: So etwas hilft immer.

Arzt: Die Insassen hatten großes Glück. Andere haben das meistens nicht.

1. Diskutiert diese Äußerungen. Welchen kannst du dich anschließen, welchen eher nicht. Diskutiert eure verschiedenen Standpunkte.

Vor allem fünf Deutungen von Wundern lassen sich unterscheiden:

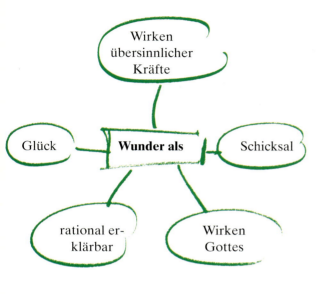

1. Versucht, die verschiedenen Aussagen diesen fünf Deutungsmöglichkeiten zuzuordnen. Formuliert in Partnerarbeit für jede Deutungsmöglichkeit zwei weitere Aussagen zu dem Unfall.

2. Du warst in dem Unfallauto und hast überlebt. In einem Brief an deinen besten Freund bzw. an deine beste Freundin schreibst du, wie du den Unfallhergang erlebt hast und wie du dir deine Rettung erklärst.

3. Die Überlebenden deuten ihre Rettung unterschiedlich. Welche Konsequenzen kann es für das eigene Leben haben, wenn man ein wunderbares Ereignis als Handeln Gottes versteht?

> Für wunderhafte Ereignisse sind verschiedene Deutungen möglich. Welche richtig sind, lässt sich nicht beweisen. Die verschiedenen Deutungen zeigen, welche Einstellung der Einzelne zu einem so außergewöhnlichen Ereignis hat.

JERUSALEMER MORGENPOST

Spektakuläre Heilung am Teich Betesda

Augenzeugen berichten von einem außergewöhnlichen Vorfall, der sich am letzten Sabbat am Teich Betesda ereignet hat. Wie allgemein bekannt, lagern in den offenen Hallen an diesem Teich ständig viele Kranke. Sie glauben an die besondere Heilkraft des Teichwassers und hoffen, dadurch wieder gesund zu werden. Als der Wanderprediger Jesus mit seinen Anhängern das in der Nähe befindliche Stadttor passierte, ging er plötzlich auf einen Mann zu, der schon seit 38 Jahren gelähmt war. Er fragte ihn: „Willst du gesund werden?" Der Kranke antwortete: „Herr, ich habe keinen, der mir in den Teich hilft, wenn das Wasser sich bewegt. Wenn ich es allein versuche, ist immer schon jemand vor mir da."

Da sagte Jesus zu ihm: „Steh auf, nimm deine Matte und geh!" Im selben Augenblick wurde der Mann gesund. Er nahm seine Matte und konnte wieder gehen.

Die Nachricht von dieser sensationellen Heilung breitete sich zwar in Windeseile unter den Kranken aus, doch bevor noch jemand Jesus um Hilfe bitten konnte, war er mit seinen Anhängern schon wieder verschwunden.

1. Du bist Journalist der Jerusalemer Morgenpost und fragst verschiedene Menschen nach ihrer Meinung zu diesem Vorfall:
   – einen frommen Juden, der an Gott glaubt, aber nicht an Jesus,
   – eine Freundin von Jesus,
   – einen römischen Arzt,
   – den Geheilten.

2. Bildet vier Gruppen und schreibt jeweils für eine dieser Personen eine Stellungnahme,

aus der klar wird, wie sie diesen Vorfall deutet.

3. Zur Aufklärung dieser rätselhaften Heilung findet eine Podiumsdiskussion statt, bei der die Frage geklärt werden soll: War die Heilung am Teich Betesda ein Wunder? Spielt diese Diskussion. Teilnehmer sind die genannten Personen bzw. jeweils ein Vertreter der betreffenden Gruppen.

Jesus macht zweifach sehend

Blind

vor

Hass?

Ich tappe im Dunkeln.

Mir geht ein Licht auf.

Ich blicke nicht mehr durch.

Liebe macht blind.

Ich sehe nicht mehr klar.

Ich sehe Licht am Horizont.

Sich blind verstehen.

Mir fällt es wie Schuppen von den Augen.

1. Häufig reden wir in Bildern. Auf dieser Seite findest du solche Bildworte. Was bedeuten sie jeweils? Ordne sie den Begriffen „blind sein" und „sehen" zu.

Auch Sehende können blind sein.

Man sieht nur mit dem Herzen gut

Auch Blinde können sehen.

2. Sucht euch zu zweit jeweils einen dieser drei Sätze heraus. Was bedeutet der Satz? Findet Beispiele, die belegen, dass dieser Satz richtig ist.

Jesus heilt einen Blinden

Als Jesus und seine Jünger in Jerusalem waren, sahen sie einen Mann, der von Geburt an blind war. Jesus spuckte auf die Erde, machte daraus einen Brei, und strich den Brei wie eine Salbe auf die Augen des Blinden. Dann sagte er zu ihm: „Gehe zum Teich Siloah und wasche dich dort ab." Der Blinde ging hin, wusch sich, und als er zurück-kam, konnte er sehen.

Als Jesus ihn später wieder traf, fragte er ihn: „Glaubst du an den, der von Gott in die Welt gesandt ist, und willst du ganz ihm gehören?" Er antwortete: „Wer ist es? Zeige ihn mir, damit ich an ihn glaube!" Und Jesus sprach: „Er steht vor dir und spricht mit dir." Da fiel der Geheilte vor ihm nieder und sprach: „Herr, ich glaube an dich! Ich glaube, dass du von Gott in die Welt gesandt bist. Ich will ganz dir gehören." Und Jesus sprach: „Ich bin in die Welt gekommen, damit die, die nicht sehen, sehend werden."

 nach Johannes 9,1–7 und 35–39

1. Warum kann man sagen: „Der Blinde wird zweimal sehend?" Wo im Text werden die beiden „Heilungen" beschrieben?

2. Vor seiner Heilung war das Leben des Blinden dunkel. Mit seiner Heilung kommt Licht in sein Leben.
Ordne die Wörter auf dem Zettel in der Randspalte den Begriffen „Licht" und „Dunkelheit" zu und ergänze weitere Wörter.

3. „Dunkelheit" steht für Dinge, die Menschen bedrängen können. Was könnte dies sein?
Was gibt es in deinem Leben für „Dunkelheiten"? Male ein Bild dazu.

4. Jesus heilt einen Blinden und will damit allen Menschen zeigen: „Ich bin das Licht der Welt. Ihr müsst nicht in Finsternis leben."
Was meint er damit? Findet miteinander Beispiele, wie Jesus heute „Licht" in unsere Welt bringen kann.

5. Wie könnte „Licht" in deine „Dunkelheiten" kommen? Verändere dein Bild dementsprechend.

6. Finde Beispiele, wie du jemand anderem zum „Licht" werden kannst.

Verzweiflung, Mut, Hilflosigkeit, Hoffnung, Freude, Einsamkeit, Lachen, Bedrängnis, neue Freunde, Hoffnungslosigkeit, Traurigkeit, Wärme, Hilfe, Angst, Mutlosigkeit, neue Chance, …

Jesus hilft in der Angst

Selbstmord aus Zukunftsangst und Hoffnungslosigkeit

BADEN-BADEN:

Roman F., 17 Jahre, geht zum Steinbruch, schneidet sich die Pulsadern auf und stürzt sich 50 Meter hinab auf die Steinblöcke. Vormittags hatte er in der Schule erfahren, dass er nicht versetzt werden würde. In einem Abschiedsbrief wurde seine ganze Verzweiflung deutlich. Der Pfarrer sagt auf der Beerdigung: „Roman war voller Angst, Verzweiflung und Verlorenheit. Er war allein. Er hatte niemand, mit dem er reden konnte."

Sorry!

Es tut mir leid, dass es so kommen müsste. Aber es hat alles keinen Sinn mehr. Ich habe wieder versagt. Ich bleibe sitzen und muss von der Schule. Mit meinen Zeugnissen nimmt mich niemand. Mein Leben ist verpfuscht. Ich habe euch, meine Eltern, wieder enttäuscht – aber es wird das letzte Mal sein. Als Sitzenbleiber und Arbeitsloser lachen doch alle über mich. Und eine Freundin bekomme ich so auch nie, und ich hätte doch so gern eine gehabt. Ich kann so nicht mehr weiterleben. Ich sehe keinen anderen Ausweg. Obwohl ich vor dem Tod Angst habe, glaube ich, dass es so besser ist.
Behaltet mich in guter Erinnerung,

euer Roman.

1. Wovor hatte Roman Angst? Welche Ängste kannst du verstehen? Warum sieht Roman keinen anderen Ausweg?

2. Welche Ängste kennst du? Welche Ängste können Menschen sonst noch haben?

3. Welche Möglichkeiten gibt es, mit seinen Ängsten umzugehen? Was hätte Roman helfen können?

4. Spielt ein Gespräch mit Roman, in dem ihr ihn davon zu überzeugen versucht, dass es viele gute Gründe gibt, weiterzuleben.

> Alle Menschen haben manchmal Angst. Meine Angst wird weniger, wenn ich mit jemandem darüber reden kann.

Die Sturmstillung

Als es Abend wurde, sagte Jesus zu seinen Jüngern: „Kommt, wir wollen ans andere Seeufer fahren!"

Da schickten die Jünger die anderen Leute nach Hause und stiegen mit Jesus in ihr Boot. Andere Schiffe fuhren mit ihnen.

Da kam ein schwerer Sturm auf, sodass die Wellen ins Boot schlugen. Das Boot füllte sich mit Wasser, Jesus aber lag hinten im Boot auf dem Sitzkissen und schlief.

Voller Angst weckten ihn die Jünger und riefen: „Meister, kümmert es dich nicht, dass wir untergehen?"

Jesus erhob sich, sprach ein Machtwort zu dem Sturm und befahl dem tobenden See: „Schweig! Sei still!" Da legte sich der Wind und es wurde ganz still.

„Warum habt ihr solche Angst?", fragte Jesus. „Habt ihr denn immer noch kein Vertrauen?"

Da erschraken die Jünger und sie fragten sich: „Was ist Jesus für ein Mensch, dass ihm sogar Wind und Wellen gehorchen?"

 nach Markus 4,35–41

1. Wovor haben die Jünger Angst? Was tun die Jünger gegen ihre Angst?

2. In der Geschichte gibt es verschiedene Symbole.

   a. Übertrage die Tabelle in dein Heft und ordne den einzelnen Symbolen die richtige Bedeutung zu:
      • Etwas, das Leben retten, aber auch zerstören kann.
      • Jemand, der uns die Angst nimmt.
      • Etwas, das sicher scheint, letztendlich aber doch nicht sicher ist.
      • Dinge, die uns bedrohen.

   b. Suche für jedes Symbol Beispiele aus deinem Leben oder aus der heutigen Zeit.

Symbol	Bedeutung	Beispiele heute
Boot		
Wasser		
Wellen und Sturm		
Jesus		

3. Übertragt die Symbole der Jesus-Geschichte auf das Leben von Roman. Wie hätte Roman geholfen werden können?

4. Kann uns Jesus auch heute in unseren Ängsten helfen?

> Manchmal denkt man, dass man niemanden hat, mit dem man sprechen kann. Gott kann ich meine Ängste immer anvertrauen, denn Gott hört immer zu. Bei Gott sind meine Ängste und Sorgen gut aufgehoben. Allerdings hilft er oft anders, als man denkt.

Jesus heilt Verkrümmte

Menschen mit „Verkrümmungen"

1. Oft haben Menschen „Verkrümmungen", die man ihnen auf den ersten Blick gar nicht an-
   sieht. Worin könnten bei den dargestellten Personen die „Verkrümmungen" bestehen? Sucht
   weitere Beispiele für „Verkrümmungen".

Was uns „krumm" macht

etwas bedrückt mich,
etwas lastet auf mir,
etwas sitzt mir im Nacken,   etwas zieht mich hinunter …

2. Auch wir erleben vieles, was uns
   „verkrümmt".
   Zeichne die Person in dein Heft und
   schreibe in den Stein Dinge oder Sätze, die
   Menschen „krumm" machen können.

Jesus heilt eine verkrümmte Frau

Jesus sprach einmal am Sabbat in einer Synagoge. Dort war auch eine Frau, die schon
18 Jahre lang von einem bösen Geist geplagt wurde, der sie krank machte. Sie war
verkrümmt und konnte sich nicht mehr aufrichten.

Als Jesus sie sah, rief er sie zu sich und sagte zu ihr: „Frau, du sollst deine Krankheit
los sein!" Und er legte ihr die Hände auf. Sofort richtete sie sich auf und pries Gott.

 nach Lukas 13,10–12

1. Beugt euch nach vorne und versucht, in
   dieser Haltung etwa drei Minuten (im Unterschied zu 18 Jahren) im Klassenzimmer
   herumzugehen.
   Wo spüre ich was? Was sehe ich, was sehe
   ich nicht? Wie kann ich Kontakt zu anderen Menschen aufnehmen? Wie fühle ich
   mich? Was wünsche ich? Was empfinde
   ich beim Aufrichten?

2. Die Heilung der Frau erfolgt in mehreren
   Schritten. Beschreibe, was Jesus jeweils tut.

3. Was bedeutet die Heilung für die Frau?
   Wie fühlt sie sich danach? Wie kann sie
   jetzt den anderen begegnen?

4. Schreibt aus der Sicht der aufgerichteten
   Frau auf eine Wolke aus Tonpapier: Aufge-
   richtet sein bedeutet für mich … Sammelt
   und vergleicht eure Ergebnisse.

5. Jesus spricht mit der Frau und handelt an
   ihr.
   Überlegt euch Sätze und Handlungen,
   die uns mit unseren „Verkrümmungen"
   aufrichten können. Zeichne die Figur jetzt
   ausgestreckt, in ihrer ganzen Größe und
   ohne die belastenden Steine in dein Heft.
   Schreibe um die Person herum die Sätze
   und Handlungen, die ihr gefunden habt.

6. Schreibt in Partnerarbeit ein Dankgebet der
   aufgerichteten Frau.

Auferstanden – und was bringts?

Ostersonntag

Heute waren wir mit der ganzen Familie in der Kirche, weil Ostern ist. Vorne in der Kirche ist ein riesiges Kreuz, an dem Jesus hängt. Das finde ich jedes Mal ziemlich schrecklich. Dafür gibt es aber wunderschöne Kirchenfenster.

Die Pfarrerin hat diesmal etwas über die Auferstehung von Jesus erzählt. Ich weiß auch nicht, ob ich das glauben soll. Dass er gelebt hat, das kann ich mir vorstellen. Auch dass er ein besonderer Mensch gewesen ist. Aber das leere Grab und vom Tod auferstanden ...? Das soll uns Menschen Hoffnung schenken, hat sie gesagt, und uns helfen, immer wieder einen neuen Anfang zu machen. Das ist ja ein schöner Gedanke, aber wozu brauche ich da die Auferstehung? Das habe ich nicht richtig kapiert. Und den Rest auch nicht: Schuld mit ins Grab genommen und so.

Dafür hat mir die Sache mit den Weizenkörnern gut gefallen, die wir in der Konfirmandenstunde eingepflanzt haben. Die Pfarrerin erklärte uns dazu, dass zunächst etwas absterben muss, damit neues Leben entstehen kann.

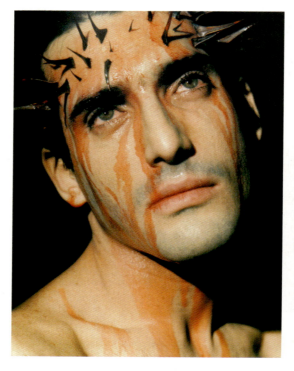

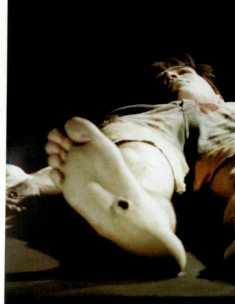

1. Nadine macht sich in ihrem Tagebuch Gedanken über die Auferstehung von Jesus. Sie weiß nicht, ob sie das glauben kann. Was denkt ihr darüber?

2. Wie versucht die Pfarrerin die Auferstehung zu deuten? Versucht, diese Deutung in eigenen Worten wiederzugeben. Könnt ihr diesen Gedanken nachvollziehen?

3. Wenn ihr wollt, könnt ihr Weizenkörner einpflanzen und den Wachstumsprozess beobachten. Inwieweit lässt sich dieser Prozess auf das menschliche Leben übertragen?

4. Erstellt Plakate zu den beiden Themen „Tod" und „Leben". Welche Bilder, Zeichen, Symbole, Begriffe und Farben können „Tod" und „Leben" am besten veranschaulichen?

5. Welche Szenen aus dem Leben Jesu erkennt ihr auf den Bildern?

6. Ordnet die Bilder in der richtigen Reihenfolge und gebt ihnen jeweils einen Titel.

Jesus macht sich Feinde

Würdest **du** diesem Mann die Hand geben**?**

Jesus stört die Feiertagsruhe

Wieder einmal ging Jesus in eine Synagoge. Dort war ein Mann mit einer abgestorbenen Hand. Unter Pharisäern gab es einige, die meinten, man dürfe am Sabbat nicht heilen, weil das eine Art von Arbeit wäre. Diese hätten Jesus gerne angezeigt, darum beobachteten sie genau, ob er es wagen würde, am Sabbat zu heilen.

Jesus sagte zu dem Mann mit der abgestorbenen Hand: „Steh auf und stell dich in die Mitte!"

Darauf fragte Jesus die anderen: „Was darf man nach dem Gesetz am Sabbat tun? Gutes oder Böses? Darf man einem Menschen das Leben retten oder muss man ihn umkommen lassen?"

Er bekam keine Antwort. Da sah er sie zornig der Reihe nach an und fügte hinzu: „*Gott hat den Sabbat für den Menschen geschaffen, nicht den Menschen für den Sabbat.*" Zugleich war Jesus traurig, weil sie so engstirnig und hartherzig waren.

Dann sagte er zu dem Mann: „Streck deine Hand aus!" Er streckte sie aus, und sie wurde wieder gesund.

 nach Markus 2,23–3,6

> *Das hebräische Wort „schabat" bedeutet auf deutsch „aufhören, unterbrechen". Juden feiern den Sabbat am Ende jeder Woche als eine Zeit der Ruhe, die ihnen von Gott geschenkt worden ist. Am Sabbat halten sich die Gläubigen an viele Regeln, zum Beispiel vermeiden sie jede Form von Arbeit.*

1. Wie sollte sich Jesus nach Meinung seiner Gegner am Sabbat verhalten? Wie verhält er sich tatsächlich? Wie begründet er es?

2. Du bist einer der Jünger Jesu und willst ihn verteidigen. Was sagst du zu seinen Gegnern?

3. Überlege dir eine Situation, in der du selbst oder eine andere Person eine Regel oder eine Vorschrift übertreten hat, um einem anderen Menschen zu helfen.

> Jesus erregt Anstoß, weil er sich anders verhält, als es viele Menschen von ihm erwarten.

Jesus – ein Gotteslästerer?

Aaron: Das hat mir gerade noch gefehlt: Jesus soll nach Jerusalem kommen.

Isaak: Wegen mir braucht er nicht zu kommen. Der redet zu viel und tut zu wenig. Mit Reden und Beten allein bekommen wir die Römer nie aus dem Land.

Johannes: Gegen die Römer hilft doch nur der bewaffnete Kampf. Er hat so viele Anhänger – wenn die alle bei uns mitkämpfen würden …

Aaron: Die Römer stören mich eigentlich nicht so sehr. Wenn die da sind, herrscht wenigstens Ruhe und Ordnung. Aber dass Jesus sich als Jude nicht an unsere religiösen Vorschriften hält, ist eine Unverschämtheit. Ihr wisst doch noch, wie er das Sabbatgebot gebrochen hat.

Benjamin: Der Gipfel für mich ist, dass viele behaupten, er sei der Messias und Gottes Sohn. Das ist doch Gotteslästerung.

Johannes: Wenn dieses Weichei der Messias ist, bin ich der Kaiser von Rom.

Benjamin: Aber viele laufen ihm nach.

Aaron: Das ist ja das Schlimme. So einer findet immer mehr Anhänger, und uns glaubt bald keiner mehr was. Am besten wäre, wenn er verschwinden würde.

Isaak: Ja, zuerst der Jesus – und dann die Römer.

> *Messias* (*„Gesalbter"*) ist ursprünglich die Bezeichnung für den König Israels. Nach dem Ende der Königszeit verbindet sich mit diesem Begriff die Erwartung eines neuen Königs, der Israel für alle Zeiten von aller Fremdherrschaft befreit. Während die Juden das Kommen des Messias bis heute ersehnen, sehen wir Christen in Jesus den Messias gekommen und erwarten seine Wiederkehr.

1. Nicht alle Menschen sind mit Jesus einverstanden. Nennt Gründe dafür.

2. Aaron, Isaak, Johannes und Benjamin sind entweder Pharisäer oder Zeloten. Die Pharisäer sind fromme Menschen, denen die Einhaltung der religiösen Gesetze sehr wichtig ist. Die Zeloten wollen die Römer mit Gewalt aus dem Land vertreiben. Wer gehört zu welcher Gruppe?

3. Du bist mit Jesus befreundet und hast dieses Gespräch belauscht. Schreibe ihm einen kurzen Brief, in dem du ihn warnst und ihm die Positionen der Zeloten und der Pharisäer beschreibst.

Es wird ernst – todernst

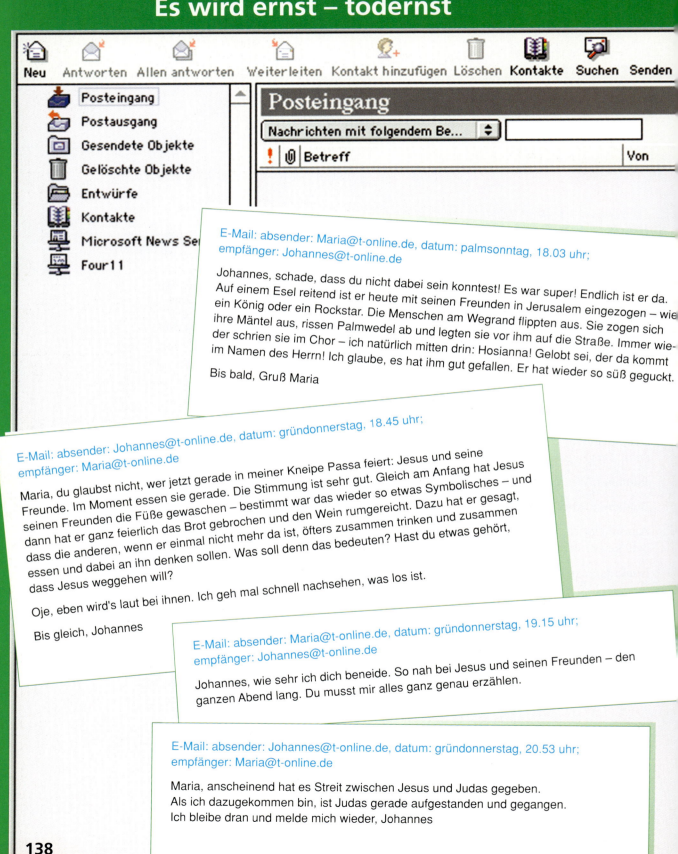

Neu   Antworten Allen antworten Weiterleiten Kontakt hinzufügen Löschen Kontakte Suchen Senden

Posteingang
Postausgang
Gesendete Objekte
Gelöschte Objekte
Entwürfe
Kontakte
Microsoft News Se
Four11

Posteingang

Nachrichten mit folgendem Be... ▼

! 🖉 | Betreff | Von

E-Mail: absender: Maria@t-online.de, datum: palmsonntag, 18.03 uhr;
empfänger: Johannes@t-online.de

Johannes, schade, dass du nicht dabei sein konntest! Es war super! Endlich ist er da.
Auf einem Esel reitend ist er heute mit seinen Freunden in Jerusalem eingezogen – wie
ein König oder ein Rockstar. Die Menschen am Wegrand flippten aus. Sie zogen sich
ihre Mäntel aus, rissen Palmwedel ab und legten sie vor ihm auf die Straße. Immer wieder schrien sie im Chor – ich natürlich mitten drin: Hosianna! Gelobt sei, der da kommt
im Namen des Herrn! Ich glaube, es hat ihm gut gefallen. Er hat wieder so süß geguckt.

Bis bald, Gruß Maria

E-Mail: absender: Johannes@t-online.de, datum: gründonnerstag, 18.45 uhr;
empfänger: Maria@t-online.de

Maria, du glaubst nicht, wer jetzt gerade in meiner Kneipe Passa feiert: Jesus und seine
Freunde. Im Moment essen sie gerade. Die Stimmung ist sehr gut. Gleich am Anfang hat Jesus
seinen Freunden die Füße gewaschen – bestimmt war das wieder so etwas Symbolisches – und
dann hat er ganz feierlich das Brot gebrochen und den Wein rumgereicht. Dazu hat er gesagt,
dass die anderen, wenn er einmal nicht mehr da ist, öfters zusammen trinken und zusammen
essen und dabei an ihn denken sollen. Was soll denn das bedeuten? Hast du etwas gehört,
dass Jesus weggehen will?

Oje, eben wird's laut bei ihnen. Ich geh mal schnell nachsehen, was los ist.

Bis gleich, Johannes

E-Mail: absender: Maria@t-online.de, datum: gründonnerstag, 19.15 uhr;
empfänger: Johannes@t-online.de

Johannes, wie sehr ich dich beneide. So nah bei Jesus und seinen Freunden – den
ganzen Abend lang. Du musst mir alles ganz genau erzählen.

E-Mail: absender: Johannes@t-online.de, datum: gründonnerstag, 20.53 uhr;
empfänger: Maria@t-online.de

Maria, anscheinend hat es Streit zwischen Jesus und Judas gegeben.
Als ich dazugekommen bin, ist Judas gerade aufgestanden und gegangen.
Ich bleibe dran und melde mich wieder, Johannes

E-Mail: absender: Johannes@t-online.de, datum: gründonnerstag, 21.35 uhr; empfänger: Maria@t-online.de

Maria, jetzt gibt es auch noch Stress zwischen Jesus und Petrus. Diesmal habe ich alles genau mitbekommen. Petrus hat gesagt, er würde überall mit Jesus hingehen, sogar ins Gefängnis und in den Tod. Aber Jesus hat das nicht geglaubt und gesagt, dass Petrus, bevor morgen früh der Hahn kräht, dreimal sagen würde: Ich kenne Jesus nicht. Eben rufen sie mich wieder. Ich glaube, sie wollen zahlen.

Bis bald, Johannes

E-Mail: absender: Maria@t-online.de, datum: gründonnerstag, 23.57 uhr; empfänger: Johannes@t-online.de

Johannes, die Ereignisse haben sich überschlagen. Vorhin hat Sara bei mir geklopft. Sie hat mitbekommen, dass Jesus und seine ganzen Freunde – anscheinend nachdem sie bei dir Passa gefeiert haben – noch in den Garten Getsemane gegangen sind. Wir beide als alte Jesus-Fans natürlich nix wie hinterher. Aber dort im Garten hat Jesus einen sehr traurigen und deprimierten Eindruck gemacht. Vielleicht hat er schon geahnt, was passiert. Er war ganz allein im Garten und hat gebetet. Seine Freunde waren alle eingeschlafen. Und dann auf einmal: Hektik, Geschrei, Waffengeklirr, Soldaten, mit Judas vorneweg. Judas gibt Jesus einen Begrüßungskuss und sofort nehmen die Soldaten Jesus gefangen. Wenn ich Genaueres weiß, melde ich mich wieder. Gruß Maria

---

E-Mail: absender: Johannes@t-online.de, datum: karfreitag, 10.05 uhr; empfänger: Maria@t-online.de

Maria, weißt du, wer eben weinend und völlig aufgelöst in mein Wirtshaus gekommen ist? Petrus! Anscheinend ist alles genau so eingetreten, wie Jesus es vorhergesehen hat. Als Jesus im Garten Getsemane verhaftet wurde, ist Petrus zunächst geflohen. Doch dann ist er ihm nachgeschlichen bis zum Haus des Hohen Rates, wo sie Jesus verhört haben. Im Hof hat er dann versucht, Näheres zu erfahren. Aber natürlich haben die Soldaten und Mägde dort Petrus als Jesus-Anhänger erkannt. Aber Petrus in seiner Angst, auch verhaftet zu werden, hat dreimal laut verkündet: „Nein, ich bin kein Freund von Jesus. Ich kenne diesen Jesus überhaupt nicht." Und als dann morgens der Hahn gekräht hat, hat sich Petrus daran erinnert, dass Jesus genau das vorhergesagt hatte.
Jetzt ist Petrus völlig verzweifelt. Er fühlt sich als Versager, weil er seinen besten Freund Jesus allein gelassen und verleugnet hat.
Hoffentlich tut sich Petrus nichts an.
Hast du was von Jesus gehört? Melde dich bitte!
In großer Sorge, Johannes

---

1. Stelle dir vor, du bist Maria. Du bist wegen der Ereignisse ganz aufgeregt und sendest eine E-Mail an deine Freundin Elisabeth, in der du die Ereignisse stichwortartig und in der richtigen Reihenfolge zusammenfasst.

Jesus wird gekreuzigt

1. Schau dir das Bild in aller Ruhe an. Die beiden Männer sind Petrus und Jesus. Beschreibe, was du auf dem Bild siehst.

2. Welche Gegenstände und Symbole erinnern dich an das Leben Jesu?

3. Jesus weiß, dass er sterben muss. Petrus ist verzweifelt, weil er Jesus verleugnet hat. Was könnten Jesus und Petrus miteinander reden? Gestaltet ein Gespräch zwischen den beiden.

4. Gib dem Bild einen Titel.

JERUSALEM POST *Sonderausgabe*

Die Kreuzigung von Jesus von Nazareth

Jesus vom Hohen Rat zum Tode verurteilt

Jerusalem, Karfreitag, 8.05 Uhr:
Nach einer Nachtsitzung des Hohen Rates wurde Jesus heute Morgen zum Tode verurteilt. Wie unser Informant aus dem Hohen Rat berichtete, soll Jesus auf die Frage, ob er Gottes Sohn sei, wörtlich geantwortet haben: „Ich bin es." Damit war für die Mitglieder des Hohen Rates der Tatbestand der Gotteslästerung erfüllt, und sie verhängten die Todesstrafe über ihn.

Jesus von Pilatus zum Tode verurteilt

Jerusalem, Karfreitag, 10.20 Uhr:
Die Todesstrafe für Jesus wurde von der zuständigen römischen Behörde bestätigt. Da der Hohe Rat der Juden keine Todesstrafe ausführen darf, wurde der Fall Jesus dem römischen Prokurator Pontius Pilatus übergeben. Da die Römer jedoch erfahrungsgemäß kein Urteil zu religiösen jüdischen Angelegenheiten sprechen, änderte der Hohe Rat kurzerhand die Anklage von Gotteslästerung auf Volksaufhetzung. In der Anklageschrift wurde nun behauptet, Jesus wolle König der Juden werden. Obwohl Pontius Pilatus nach informierten Kreisen erhebliche Zweifel an Jesu Schuld gehabt haben soll, verurteilte er Jesus zum Tode am Kreuz. Inwieweit politische Gründe dafür ausschlaggebend waren, ist zur Zeit noch unklar.

Volksentscheid gegen Jesus

Jerusalem, Karfreitag, 11.00 Uhr:
Noch einmal hatten die Anhänger Jesu Hoffnung geschöpft, denn Pilatus machte von seinem Recht Gebrauch, anlässlich des Passafestes einen Gefangenen freizulassen. Pilatus ließ die zufällig anwesende Volksmenge abstimmen, wem er die Freiheit schenken solle: dem berüchtigten Mörder Barabbas oder Jesus. Das Volk entschied sich für Barabbas. Aus dem jubelnden „Hosianna" von vor nicht mal einer Woche wurde nun ein „Kreuziget ihn!"

Todesurteil vollstreckt

Jerusalem, Karfreitag, 17.30 Uhr:
Heute Nachmittag wurde der Nazarener Jesus auf dem Hügel Golgatha hingerichtet. Jesus hatte, wie es für zum Tode Verurteilte Brauch ist, den Querbalken seines Kreuzes selbst nach Golgatha schleppen müssen. Dabei ist er mehrmals zusammengebrochen. Die für die Hinrichtung verantwortlichen Soldaten schlugen immer wieder auf Jesus ein. Um ihn als König zu verhöhnen, drückten sie ihm eine Dornenkrone auf den Kopf. Blutüberströmt wurde Jesus schließlich auf Golgatha zwischen zwei anderen Verbrechern ans Kreuz genagelt. Die Soldaten brachten ein Schild mit der Aufschrift INRI an seinem Kreuz an. INRI ist die Abkürzung für „Jesus von Nazareth, König der Juden". Allem Anschein nach hat Jesus noch mehrere Stunden sehr gelitten. Mit dem Aufschrei „Es ist vollbracht" ist er schließlich gestorben. Unbestätigten Meldungen zufolge soll im gleichen Augenblick im Tempel der Vorhang vor dem Allerheiligsten zerrissen sein.

Der Hohe Rat war zur Zeit Jesu die oberste Behörde des Judentums. Vorsitzender des Hohen Rates war der Hohepriester. Bei politischen Fragen war die Vollmacht des Rates durch die Römer eingeschränkt, in religiösen Entscheidungen hatte er die alleinige Autorität.

Prokurator war der Titel des Statthalters in einer römischen Provinz. Die Aufgabe eines Prokurators war in erster Linie, für Ruhe und Ordnung in den besetzten Provinzen zu sorgen und den Einzug der Steuern zu überwachen.

---

1. Welche Gründe führten zur Verurteilung Jesu?

2. Jesus wurde verhöhnt, verspottet und ans Kreuz geschlagen. Weil er das alles durchlitten hat, kann er auch unser Leid verstehen.
Was waren in deinem Leben schlimme Situationen, unter denen du sehr gelitten hast?

3. Der Weg von Jesus zum Kreuz lässt sich in mehrere Stationen unterteilen. Nenne die verschiedenen Stationen dieses „Kreuzweges" und ordne ihnen, wo möglich, die Bilder der Einstiegsseiten dieses Kapitels zu. Zeichne einen Kreuzweg in dein Heft.

4. Erstellt in Gruppen zu jeder Station ein Plakat, eine Collage oder ein Bild und gestaltet den Kreuzweg in eurem Klassenzimmer. Begeht den Kreuzweg gemeinsam und lest an den einzelnen Stationen die entsprechenden Bibelstellen vor.

Gott lässt Jesus nicht hängen

Am leeren Grab

Am Abend, als der Sabbat vorüber und der Sonntag eben angebrochen war, kamen Maria aus Magdala und die andere Maria, um nach dem Grab zu sehen. Da fanden sie den Stein vor der Gruft weggewälzt.

Sie gingen in die Grabkammer hinein und sahen dort auf der rechten Seite einen jungen Mann in einem weißen Gewand sitzen.

Sie erschraken sehr. Er aber sagte zu ihnen: „Habt keine Angst. Ihr sucht Jesus aus Nazareth, der ans Kreuz genagelt wurde. Er ist nicht hier; Gott hat ihn vom Tod auferweckt! Hier seht ihr die Stelle, wo sie ihn hingelegt hatten. Und nun geht und sagt seinen Jüngern, vor allem Petrus: ‚Er geht euch nach Galiläa voraus.

Dort werdet ihr ihn sehen, genau wie er es euch gesagt hat.'"

Erschrocken und doch voller Freude liefen die Frauen vom Grab weg. Sie wollten schnell zu den Jüngern gehen, um ihnen die Botschaft zu überbringen.

Da stand plötzlich Jesus selbst vor ihnen und sagte: „Seid gegrüßt!"

Die Frauen warfen sich vor ihm nieder und umfassten seine Füße.

„Habt keine Angst!", sagte Jesus zu ihnen. „Geht und sagt meinen Brüdern, sie sollen nach Galiläa gehen. Dort werden sie mich sehen."

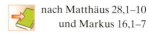

nach Matthäus 28,1–10
und Markus 16,1–7

1. Was erleben die Frauen am Grab von Jesus?

2. Beschreibe die Reaktion der Frauen. Warum sind sie zugleich erschrocken und voller Freude?

3. Welchen Auftrag bekommen die Frauen?

4. Du bist eine der Frauen. Ein Journalist von der Jerusalem Post hat von den Gerüchten um Jesus gehört und interviewt dich als Augenzeugin.

5. Du bist der Journalist der Jerusalem Post und schreibst einen kurzen Artikel über das Erlebnis der Frauen am Grab von Jesus.

6. Wir feiern heute am Palmsonntag, am Gründonnerstag, am Karfreitag und am Ostersonntag Gottesdienst. Wir erinnern uns dabei an wichtige Ereignisse aus dem Leben Jesu. Ordnet diesen Tagen jeweils die entsprechenden Ereignisse zu.

Auf dem Weg nach Emmaus

Zwei Jünger sind unterwegs von Jerusalem nach Emmaus. Sie sind sehr traurig. Sie reden über die Dinge, die seit der Kreuzigung von Jesus passiert sind. Plötzlich kommt ein Mann dazu, den die Jünger nicht erkennen.

Fremder: Ihr seht so bekümmert aus. Was ist denn los?

1. Jünger: Was los ist, fragst du? Sie haben Jesus, unseren besten Freund, ans Kreuz geschlagen.

2. Jünger: Wir haben geglaubt, dass er der Messias, der Sohn Gottes sei. Und jetzt ist er tot!!! Wir wissen überhaupt nicht, was wir jetzt machen sollen.

1. Jünger: Wir haben gedacht, dass er der Retter Israels sei. Aber er hat sich ja nicht mal selbst retten können.

2. Jünger: Er hat uns so viel beigebracht. Sachen zum Nachdenken, von Gott und wie man leben soll und so. Und jetzt ist alles umsonst gewesen. Furchtbar.

1. Jünger: Und jetzt ist noch etwas ganz Seltsames passiert. Ein paar Frauen, die zu uns gehören, waren heute Morgen am Grab. Und angeblich war das Grab leer und ein Engel soll ihnen gesagt haben: Jesus lebt!

2. Jünger: Vor seinem Tod hat er ja gesagt, dass er wiederkommen würde. Aber das kann doch nicht sein.

Fremder: Warum fällt es euch so schwer zu glauben, was Jesus gesagt hat? In den Schriften steht doch: Der Messias muss alles erleiden, damit alle gerettet werden.

Als es Abend wird, kommen sie in ein Dorf und die Jünger bitten den Fremden, doch bei ihnen zu bleiben.

Als sie am Tisch sitzen, spricht der Unbekannte ein Dankgebet, bricht das Brot und gibt es ihnen. Und plötzlich gehen den beiden Jüngern die Augen auf. Sie erkennen: Der Fremde ist Jesus. Doch im selben Moment ist er verschwunden. Die Jünger brauchen einige Zeit, bis sie sich wieder gefasst haben. Dann reden sie miteinander.

Emmaus

1. Jünger: Das gibt es doch nicht. Das kann doch nicht wahr sein. Werden wir denn jetzt alle verrückt?

2. Jünger: Doch! Er war es! Jesus lebt. Es ist unglaublich, aber Jesus lebt.

1. Jünger: Komm, wir müssen sofort zurück. Das muss die ganze Welt erfahren.

Und das tun sie auch. Sie packen ihre Sachen zusammen und gehen sofort zurück nach Jerusalem. Jetzt wissen sie, dass es wahr ist: Jesus lebt. Sie sind glücklich. Sie lachen und singen und können nicht schnell genug laufen. In Jerusalem erzählen sie alles sofort den anderen Jüngern und den Frauen.

 nach Lukas 24,13–35

1. Wie geht es den beiden Jüngern, bevor sie Jesus begegnen und ihn erkennen? Wie geht es ihnen, nachdem sie Jesus getroffen und erkannt haben?

2. Stellt die Gefühle der Jünger auf dem Weg nach Emmaus und zurück als Pantomime dar.

3. Zwei von euch sind die beiden Jünger. Nach Jerusalem zurückgekommen, gehen sie sofort zu den anderen Jüngern und erzählen, was sie erlebt haben. Die meisten sind begeistert, einige aber auch skeptisch. Spielt diese Szene.

Auferstanden – für mich?

Tod bei Weiche 67

Frankfurt, 20.4.2002

Mit 142 km/h ins Verderben. Der ICE 790, der zwischen Hamburg und Mailand verkehrt, entgleiste um 0.57 Uhr 5,4 km vor dem Hauptbahnhof Frankfurt. Tragische Bilanz: Bislang 21 Tote, 68 Schwerverletzte, 12 von diesen schweben in Lebensgefahr, und 45 Leichtverletzte.

Die Unfallursache: zu hohe Geschwindigkeit. Der Lokführer Alexander K. (25 J.) hatte trotz Anweisung offenbar vor der Weiche nicht abgebremst. Statt Tempo 40, wie vorgeschrieben, raste der ICE mit Tempo 142 auf Weiche 67 zu. Viel zu schnell – mit 142 km/h in die Katastrophe. Den Hilfskräften am Unfallort bot sich ein Bild des Grauens.

Alexander K., der den Zug erst in Hamburg übernommen hatte, überlebte unverletzt. Wie Zeugen berichteten, war er wegen Übermüdung ganz kurz eingenickt und hatte offenbar dadurch das entscheidende Signal zur Geschwindigkeitsreduzierung übersehen. Bisher verweigerte er jede Aussage. Ein Polizeisprecher: „Der Mann steht unter Schock, ist nicht vernehmungsfähig, es geht ihm schlecht." Minuten nach der Zugkatastrophe war ein Feuerwehrmann dem völlig verstörten Lokführer Alexander K. begegnet. Der stammelte immer nur: „Ich bin schuld. Ich bin schuld."

1. Der Lokführer Alexander K. ist schuld am Tod von 21 Menschen. Wie kann jemand mit einer solchen Schuld weiterleben?

2. In seiner Verzweiflung wendet sich Alexander K. an die Angehörigen der Opfer. Einige schreiben ihm und vergeben ihm. Warum gelingt es dem Lokführer trotzdem nicht, mit seiner Schuld fertig zu werden?

Einige Zeit später besucht Alexander K. einen Ostergottesdienst. Als der Pfarrer sagt: „Jesus ist für unsere Sünden gestorben", fühlt er sich plötzlich ganz persönlich angesprochen und hört genauer hin. Der Pfarrer weiter: „Jesus nimmt meine Schuld mit ins Grab. Aber Jesus ist wieder auferstanden. Und das heißt: Gott hat meine Schuld von ihm weggenommen. Er hat mir meine Schuld vergeben. Gott gibt mir eine neue Chance. Ich kann einen neuen Anfang machen. Jesu Auferstehung zeigt aber auch: Gott ist stärker als der Tod! Weil meine Schuld von mir genommen ist, hat der Tod auch über mich keine Macht mehr. Ich kann darauf hoffen, dass ich nach dem Tod bei Gott sein werde."

1. Diese Botschaft verändert den Lokführer. Er schöpft wieder Hoffnung und neuen Mut. Warum hilft die Botschaft von der Auferstehung Jesu dem Lokführer, mit seiner Schuld zu leben?

2. Den gleichen Gottesdienst besuchten zufällig auch Hinterbliebene der Opfer des Zugunglücks. Inwiefern können die Worte des Pfarrers auch ihnen helfen?

Die Botschaft „Jesus ist für unsere Sünden gestorben" hat auch für mich Bedeutung. Wenn ich z. B. jemanden verletzt habe, wenn ich Dinge falsch gemacht habe oder wenn ich etwas bereue, was ich gerne ändern würde, aber nicht mehr kann – das heißt: alle Schuld, die mich belastet – all das nimmt Jesus mir ab. Weil Gott uns unsere Schuld vergibt, ist ein neuer Anfang immer wieder möglich – auch in meinem Leben.

1. Male ein Kreuz in dein Heft und schreibe darauf, welche Dinge dich belasten, was du gerne loswerden und an Jesus abgeben würdest.

2. Mit Jesus ist deine Schuld „gestorben". Überklebe deshalb das Kreuz mit einem passenden gelben Papierkreuz.

Ein neuer Anfang – auch in meinem Leben?

- Lea, 13 Jahre alt, hat Kinder gehütet und nicht aufgepasst. Der dreijährige Erwin hat sich zur Wohnungstür hinausgeschlichen, ist die Treppe hinuntergefallen und hat sich ein Bein gebrochen.

- Dennis, 14 Jahre alt, ist beim Klauen erwischt und angezeigt worden.

- Mareike, 13 Jahre alt, wird nicht in die nächste Klasse versetzt. Ihr Vater, der sehr streng ist, weiß noch nichts davon.

- Claire, 15 Jahre alt, hat sich über ihren Lehrer sehr geärgert und aus lauter Wut mit einem Nagel sein ganzes Auto zerkratzt.

- Ivo, 17 Jahre alt, liebt seine Freundin. Obwohl er es eigentlich nicht wollte, ist er auf einer Party nach einigen Bierchen trotzdem fremdgegangen.

1. Was bedeutet die Auferstehung von Jesus für diese Jugendlichen? Beschreibt in Partnerarbeit, wie in den einzelnen Fällen ein Neuanfang möglich sein könnte, und was die Betroffenen jeweils selbst dazu beitragen können.

2. Ein neuer Anfang bedeutet immer auch eine neue Chance. Stelle dir vor: Du ziehst in eine andere Stadt und kommst an eine neue Schule, wo dich niemand kennt. Du nimmst dir vor: Diesmal wird alles anders! Was könntest du anders machen als bisher?

Auferstehung für mich – aufregend, anregend?

Nachfolger Jesu als Vorbilder?

Jens ist 17 Jahre alt. Er steht vor Gericht, weil er bei der Blockade eines Atommülltransports festgenommen worden ist.

Um sich ein Bild von der Persönlichkeit des Angeklagten machen zu können, befragt der Richter mehrere Zeugen:

Polizist: Als ich ihn verhaften wollte, hat er sich zwar gewehrt, er hat aber auch versucht, mit mir zu reden und mich zu überzeugen. Er hat gesagt, er hätte schon viele Protestbriefe geschrieben, aber es hätte alles nichts genützt.

Lehrer: Jens war ein durchschnittlicher Schüler. Er war vor allem dann interessiert, wenn es um soziale Fragen ging. Aufgefallen ist mir, dass er sich anscheinend immer zu Außenseitern hingezogen gefühlt hat. Um die hat er sich gekümmert, denen hat er versucht zu helfen.

Richter: Können Sie einige Beispiele dafür nennen?

Lehrer: In der siebten Klasse gab es einen Schüler in der Klasse, der von allen gehänselt wurde und der darunter sehr gelitten hat. Obwohl Jens kein Klassensprecher war, hat er eine Klassenversammlung durchgesetzt, in der ausführlich über diesen Fall gesprochen wurde. Das Verhalten gegenüber diesem Schüler war anschließend besser.

In der achten Klasse hatten wir eine Schülerin, die von ihrem Onkel belästigt wurde. Auf Jens' Betreiben hin hat sie mit mir gesprochen, und wir haben dann das Jugendamt eingeschaltet. Jens hat sich dann auch anschließend noch um sie gekümmert.

Rektor: Negativ aufgefallen ist mir Jens bei unseren Projekttagen zu dem Thema „Gewalt an der Schule". Da hat er gesagt, dass er gegen Gewalt ist, dass aber nicht nur Schüler, sondern auch Lehrer Gewalt ausüben und dass auch darüber gesprochen werden sollte. So ein Unsinn! Als ob an unserer Schule Lehrer Schüler schlagen würden!

Pfarrerin: Im Konfirmandenunterricht hat Jens immer sehr kritische Fragen gestellt. Sein Hauptvorwurf war, dass zwar viele Leute sonntags in die Kirche gingen, aber im Alltag oft kein besonders christliches Verhalten zeigen würden. Er war der Meinung, es sei wichtiger, sich um seine Mitmenschen zu kümmern, als jeden Sonntag in die Kirche zu gehen.

Richter: Trotzdem hat er sich aber konfirmieren lassen?

Pfarrerin: Ja, aber er hat einen großen Teil des Geldes, das er bekommen hatte, dafür verwendet, die Veranstaltung „Rap gegen Rechts" zu organisieren. Als Konfirmandenspruch hat er sich ausgesucht: „Tu deinen Mund auf für die Stummen und für die Sache aller, die verlassen sind." (Sprüche 31,8)

Freundin: Für mich war Jens auf die Dauer zu anstrengend. Ewig war er auf der social tour. Nie wollte er zum Beispiel einen normalen Urlaub mit mir machen, etwa nach Mallorca. Immer musste es irgend etwas Besonderes sein. Einmal waren wir in unserem Urlaub zusammen in Frankreich, um bei einer Säuberungsaktion von Greenpeace an irgendeiner ölverschmutzten Küste mitzuhelfen. Das ist doch kein Urlaub: 12 Stunden am Tag mit dem ölverschmierten Zeug rumzumachen.

Nachbarin: Jens hat sich öfters mit mir unterhalten, und das ist ja heutzutage schon etwas Besonderes. Als ich meine Gehbeschwerden hatte, hat er mir ein paar Mal was aus dem Supermarkt mitgebracht.

Mitschüler: Manchmal hat er's schon übertrieben. Einmal hat er die Schule geschwänzt und die halbe Klasse dazu verleitet, bei einer Lichterkette gegen Ausländerhass mitzumachen. Er hatte vorher gefragt und der Rektor hatte es nicht erlaubt. Die Folge davon war eine Verwarnung mit angedrohtem Schulausschluss. Das war's mir nicht wert. Ich bin in der Schule geblieben.

Zivildienstbetreuerin: Jens arbeitet seit kurzem bei uns im SOS-Kinderdorf mit. Er hat einen guten Draht zu den Kindern, weil sie spüren, dass er sie gern hat. Er schaut nicht auf die Uhr und arbeitet fast jeden Tag länger, als er müsste. Und das, obwohl bei uns die Überstunden nicht bezahlt werden.

Jens: Jesus wollte den Leuten zeigen, wie man richtig lebt. Er war ein cooler Typ und ich will einfach versuchen, es so zu machen wie er.

1. Beschreibt, was für ein Mensch Jens ist. Welche Überzeugungen hat er?

2. Jens nimmt sich Jesus als Vorbild. An welchen Verhaltensweisen wird dies deutlich? Sammelt Argumente für und gegen seine Aktionen.

3. Jens bekommt vor Gericht Gelegenheit, seinen Standpunkt darzulegen. Er tut das, indem er sich auf Jesus beruft. Formuliert in Partnerarbeit seine Verteidigungsrede.

4. Der Richter verurteilt Jens aufgrund der Rechtslage wegen Widerstand gegen die Staatsgewalt und wegen Nötigung. Wie würde Jesus über Jens urteilen? Formuliert ein Jesus-Urteil mit einer kurzen Begründung.

5. Kann Jesus ein Vorbild sein? Diskutiert darüber.
Welche Möglichkeiten siehst du in deinem Alltag, so zu leben, wie es Jesus vorschlägt?
Sammelt in Kleingruppen Beispiele.

Apostel und Verkündiger des Evangeliums

Paulus

Korinth

An die Galater

Korinth

47–49 Erste Missionsreise des Angeklagten P.

Mission als Begriff klären!

30 Kreuzigung von Jesus

Was hat denn das mit dem Angeklagten P. zu tun?

Ephesus

6 Geburt in Tarsus

Wo liegt denn das?

An die Römer

Antiochia

Thessaloniki

49–52 Zweite Missionsreise des Angeklagten P.

Athen

58 Überführung als Gefangener nach Rom

An Philemon

53–56 Dritte Missionsreise des Angeklagten P.

An die Thessalonicher

Damaskus

In welchen Ländern liegt denn das alles?

Ephesus

Philippi

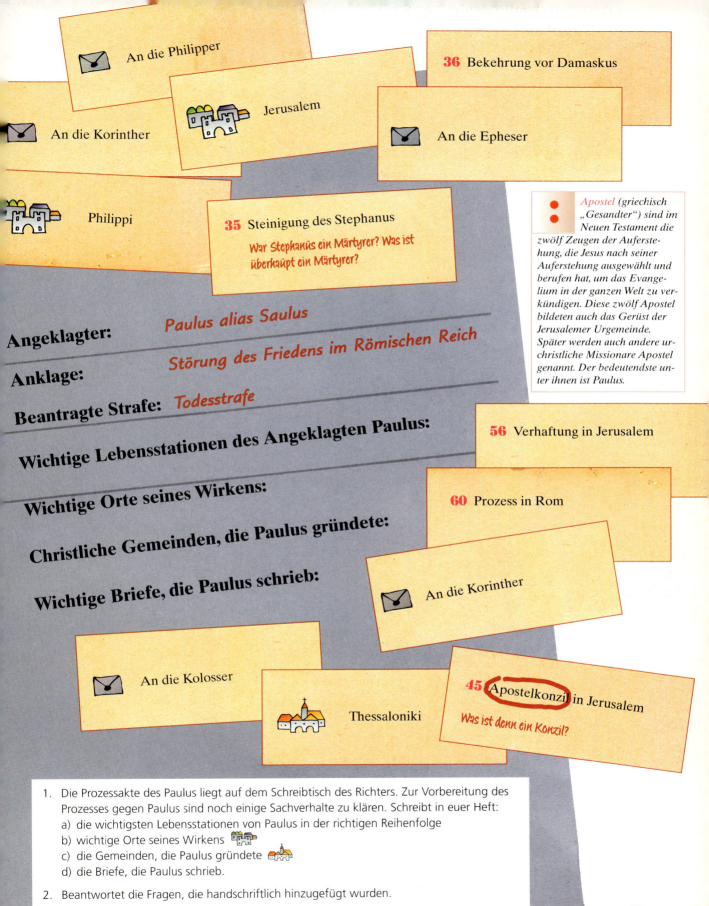

An die Philipper

36 Bekehrung vor Damaskus

Jerusalem

An die Korinther

An die Epheser

Philippi

35 Steinigung des Stephanus

War Stephanus ein Märtyrer? Was ist überhaupt ein Märtyrer?

Apostel (griechisch „Gesandter") sind im Neuen Testament die zwölf Zeugen der Auferstehung, die Jesus nach seiner Auferstehung ausgewählt und berufen hat, um das Evangelium in der ganzen Welt zu verkündigen. Diese zwölf Apostel bildeten auch das Gerüst der Jerusalemer Urgemeinde. Später werden auch andere urchristliche Missionare Apostel genannt. Der bedeutendste unter ihnen ist Paulus.

Angeklagter: Paulus alias Saulus

Anklage: Störung des Friedens im Römischen Reich

Beantragte Strafe: Todesstrafe

Wichtige Lebensstationen des Angeklagten Paulus:

Wichtige Orte seines Wirkens:

Christliche Gemeinden, die Paulus gründete:

Wichtige Briefe, die Paulus schrieb:

56 Verhaftung in Jerusalem

60 Prozess in Rom

An die Korinther

An die Kolosser

Thessaloniki

45 Apostelkonzil in Jerusalem

Was ist denn ein Konzil?

1. Die Prozessakte des Paulus liegt auf dem Schreibtisch des Richters. Zur Vorbereitung des Prozesses gegen Paulus sind noch einige Sachverhalte zu klären. Schreibt in euer Heft:
   a) die wichtigsten Lebensstationen von Paulus in der richtigen Reihenfolge
   b) wichtige Orte seines Wirkens
   c) die Gemeinden, die Paulus gründete
   d) die Briefe, die Paulus schrieb.

2. Beantwortet die Fragen, die handschriftlich hinzugefügt wurden.

Erster Verhandlungstag:
Zur Person des Paulus und zu seinem Damaskus-Erlebnis

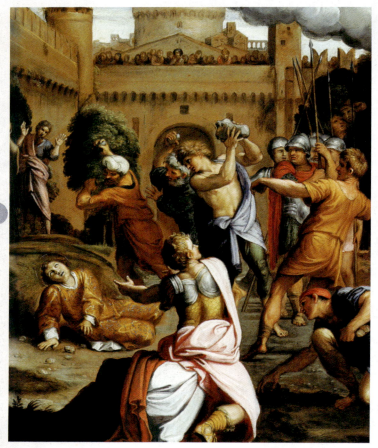

Richter: Wie heißen Sie?

Paulus: Eigentlich habe ich zwei Namen. Weil meine Eltern fromme Juden waren, gaben sie mir den Namen Saulus, nach dem ersten König des Volkes Israel. Paulus ist mein römischer Beiname und bedeutet „Der Kleine".

Richter: Wo und wann sind Sie geboren?

Paulus: Im Jahre 6 in der römischen Provinz Tarsus.

Richter: Welche Staatsangehörigkeit besitzen Sie?

Paulus: Ich bin römischer Bürger.

Richter: Welchen Beruf haben Sie gelernt?

Paulus: Zeltmacher.

Richter: Welcher Religionsgemeinschaft gehören Sie an?

Paulus: Meine Eltern sind beide Juden. Wer von einer jüdischen Mutter geboren ist, ist Jude. Also bin auch ich Jude.

Richter: Uns liegt einiges belastende Material vor, z.B. dieses Bild. Beschreiben Sie, was Sie darauf sehen.

Paulus betrachtet das Bild.

Paulus: Auf dem Bild sieht man die Steinigung des Stephanus.

Richter: Steinigung? Sagen Sie ruhig Ermordung dazu!

Paulus: Stephanus war ein Anhänger von Jesus. Er hielt sich nicht an die jüdischen Gesetze und wollte andere von seiner Meinung überzeugen. Aufgebrachte Juden haben ihn gesteinigt.

Richter: Betrachten Sie das Bild genauer. Kommt Ihnen jemand bekannt vor?

Paulus: Im Hintergrund bin ich zu sehen. Ich bewache die Kleider der Steinewerfer.

Richter: Können Sie Ihre Rolle bei diesem Mord beschreiben?

Paulus: Damals war ich noch Pharisäer. Ich habe mich sehr um die Einhaltung der Gebote bemüht, wie sie in der Tora beschrieben sind. Die Tora war mir sehr wichtig. Stephanus war ein Anhänger von Jesus. Denen waren die Vorschriften der Tora nicht so wichtig.

Richter: Wie standen Sie zu den Anhängern dieses Jesus?

Paulus: Ich habe sie gehasst und verfolgt, weil sie mehr an die Worte von Jesus als an die Tora geglaubt haben. Ich fand damals die Steinigung des Stephanus richtig.

Richter: Der erste Anklagepunkt ist somit klar: Da die Steinigung ohne Genehmigung der zuständigen römischen Behörden erfolgte, sind Sie schuldig, an einem Lynchmord teilgenommen zu haben sowie an der widerrechtlichen Verfolgung Andersdenkender.

Richter: Sie beschreiben Ihr so genanntes „Damaskus-Erlebnis" als Wendepunkt Ihres Lebens. Können Sie dies näher erklären?

Paulus: Ich war mit einer Gruppe unterwegs nach Damaskus, um herauszufinden, wo sich die Jesus-Anhänger heimlich treffen. Dann wollte ich sie alle festnehmen lassen. Kurz vor Damaskus strahlte plötzlich ein helles Licht vom Himmel. Ich warf mich entsetzt zu Boden. Da sprach eine Stimme zu mir: „Saul, Saul warum verfolgst du mich?" Ich fragte: „Herr, wer bist du?" Die Stimme antwortete: „Ich bin Jesus, den du verfolgst. Steh auf und geh in die Stadt, da wird man dir sagen, was du tun sollst." Danach war alles wieder still. Als ich meine Augen aufschlug, konnte ich nichts mehr sehen. Meine Diener führten mich dann wie einen Blinden nach Damaskus.

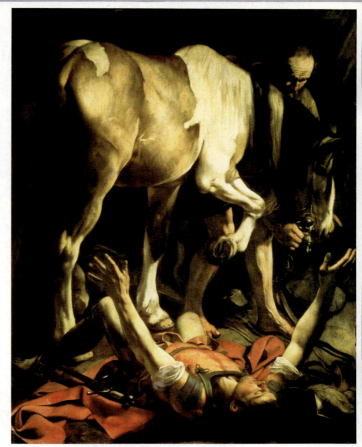

In den nächsten Tagen dachte ich viel über mein Leben nach. Da fiel es mir plötzlich wie Schuppen von den Augen: Ich war wie blind gewesen. Obwohl meine Augen sehen konnten, hatte ich das Wichtigste nicht erkannt: Jesus, dessen Anhänger ich bis zum Tod verfolgt hatte, ist wirklich der Messias und Gottes Sohn!

In Damaskus sandte Gott Hananias zu mir. Dieser legte mir die Hände auf und ich konnte wieder sehen. Ich ließ mich taufen und begann, allen Menschen die gute Nachricht von Jesus zu erzählen. Von da an wurde ich nicht mehr Saulus, sondern nur noch Paulus genannt.

Richter: Sie werden verstehen, dass ich als römischer Gelehrter solche Totenerscheinungen nicht glauben kann. Aber das spielt in diesem Prozess keine Rolle. Jedenfalls haben Sie ab diesem Zeitpunkt das Lager gewechselt: Vom fanatischen Verfolger der Jesus-Anhänger wurden Sie zu einem gleichermaßen fanatischen Missionar dieser Bewegung.

Ende des ersten Verhandlungstages.

1. Erstellt einen tabellarischen Lebenslauf für Paulus. Benutzt dazu auch die Angabe auf der vorherigen Doppelseite.

2. Paulus war Pharisäer. Gegenüber den Pharisäern gibt es häufig Vorurteile. Ordnet zu
Was man häufig unter „pharisäisch" versteht
und
Was die Pharisäer tatsächlich waren:
Heuchlerisch und scheinheilig – Tief religiöse und wirklich fromme Männer – Sie bemühten sich um den Glauben zu Gott und um die Liebe zum Nächsten. – Selbstgerecht und überheblich – Sie versuchten, den Glauben den vielfältigen Lebenssituationen anzupassen. – Engstirnig und pingelig (gesetzlich).

3. Beschreibt, was ihr auf dem Bild seht. Erklärt den Zusammenhang zwischen dem Bild und dem Erlebnis des Paulus.

4. Erstellt unter der Überschrift „Paulus wird Christ" eine dreispaltige Tabelle: *Paulus vor der Bekehrung / Grund seiner Bekehrung / Paulus nach der Bekehrung* und ordnet die folgenden Aussagen richtig zu:
– frommer Jude und Pharisäer
– Mission für Christus
– Verfolger der Christen
– Begegnung mit dem auferstandenen Jesus
– Tora steht im Mittelpunkt seines Lebens
– Christ, Apostel und Verkündiger des Evangeliums von Jesus Christus
– Jesus, der Messias, steht im Mittelpunkt seines Lebens

Zweiter Verhandlungstag:
Die Missionsreisen des Paulus

Richter: Nach Ihrer Bekehrung bei Damaskus haben Sie mehrere lange Reisen unternommen, um den Menschen das Evangelium von Jesus zu verkünden, um sie zu taufen und um christliche Gemeinden zu gründen.
Können Sie dies anhand der Landkarte etwas näher erläutern?

Paulus: Vor allem habe ich mich in Antiochia in Syrien aufgehalten. Von da aus habe ich drei große Missionsreisen unternommen.

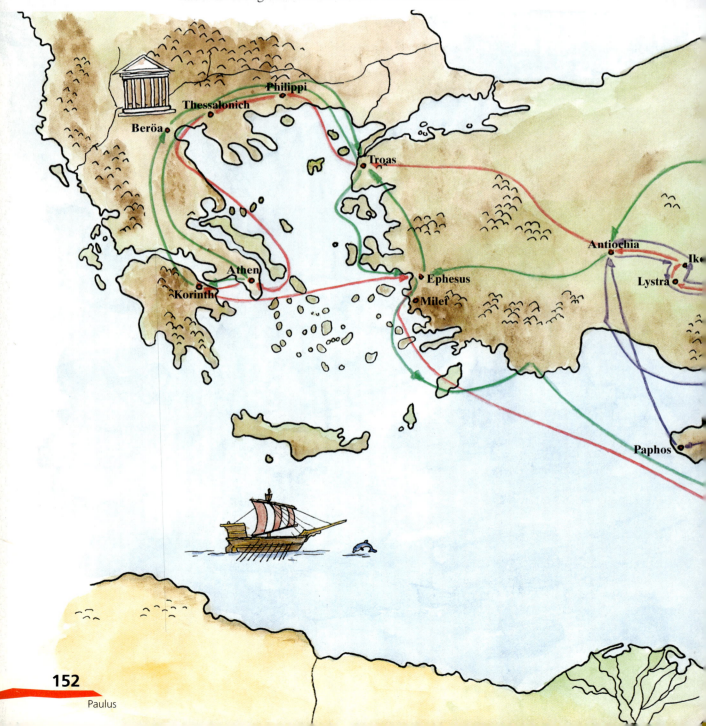

Richter: Wo Sie auch aufgetaucht sind, fast immer kam es zu Unruhen. Ihre so genannten Missionsreisen machten Sie nicht, um für Ihren Jesus zu missionieren, sondern um gegen unseren Kaiser und gegen unseren Staat zu hetzen!

Paulus: Das stimmt nicht. Wie Jesus habe ich gesagt: Gebt dem Kaiser, was des Kaisers ist. Ich habe immer gesagt, dass alle weltliche Herrschaft von Gott eingesetzt ist und ihr deshalb Gehorsam geleistet werden muss.

Richter: Sie haben aber auch gesagt, dass man Gott mehr gehorchen muss als dem Kaiser.

Paulus: Wenn Menschen mit Zustimmung des Kaisers gegen die Gebote Gottes verstoßen, dann muss ich Gott mehr gehorchen als selbst dem Kaiser.

Richter: Damit stellen Sie Ihren Gott über unseren Kaiser!

Paulus geht an die Landkarte und zeichnet seine Reiserouten ein.

Die Reisen des Apostels Paulus

—— 1. Reise
—— 2. Reise
—— 3. Reise

Tarsus

Antiochia

Salamis

Sidon
Tyrus

Cäsarea

Jerusalem

1. Schreibt die einzelnen Stationen der drei Missionsreisen des Paulus in euer Heft. Errechnet mit Hilfe des Maßstabes die ungefähre Länge der einzelnen Reisen.

2. In welchen Städten war Paulus zweimal, in welchen dreimal?

3. Wenn Paulus seine Reisen heute gemacht hätte, welche Länder hätte er bereist?

4. Schlagt das Inhaltsverzeichnis der Bibel auf und sucht auf den Landkarten die Städte heraus, an die die Paulus-Briefe gerichtet sind.

5. Paulus sagt: „Alle weltliche Herrschaft ist von Gott eingesetzt, und deshalb muss ihr Gehorsam geleistet werden." Warum kann dieser Satz auch sehr problematisch gesehen werden?

6. Paulus sagt auch: „Man muss Gott mehr gehorchen als dem Kaiser bzw. einem Herrscher." Was sind Chancen und Gefahren einer solchen Aussage?

Dritter Verhandlungstag: Apostelkonzil und Probleme in den Gemeinden

Richter: Wenn ich Sie richtig verstanden habe, soll es bei Ihren Reisen nicht um politische Fragen, sondern vorrangig um religiöse Fragen gegangen sein. Können Sie das beweisen?

Paulus präsentiert Zeitungsausschnitte und Briefe:

Kommt es in Antiochia zur Spaltung? zwischen Judenchristen und Heidenchristen

Zur Vorgeschichte: Die ersten Jünger waren Juden. Auch die erste christliche Gemeinde in Jerusalem war „judenchristlich": Ihre Mitglieder waren Juden, ließen sich dann taufen und hielten trotzdem noch die jüdischen Vorschriften ein.

Dank Paulus entstanden jedoch bald christliche Gemeinden auch außerhalb Palästinas. Auch „Heiden", die ganz andere Lebensgewohnheiten hatten als die Juden, ließen sich taufen. Sie werden dann „Heidenchristen" genannt. Obwohl beide Gruppen Christen sind, kommt es zwischen ihnen immer wieder zu Spannungen. Weil die ehemaligen Juden die jüdischen Gesetze streng einhalten, ist es ihnen z. B. verboten, mit den ehemaligen Heiden gemeinsam Mahlzeiten einzunehmen. Deshalb sagen nun einige der Judenchristen: „Ihr könnt Heiden erst dann in die christliche Gemeinde aufnehmen, wenn sie vorher Juden geworden sind. D.h., wer Christ werden will, muss sich erst beschneiden lassen und sich verpflichten, das ganze jüdische Gesetz, natürlich auch die Speisegesetze, einzuhalten. Und erst dann kann er als Christ getauft werden."

Das sehen die Heidenchristen nicht ein und wollen aus der Gemeinde austreten.

Apostelkonzil in Jerusalem schlichtet den Streit

Nachdem es nicht gelungen war, den Streit zwischen Judenchristen und Heidenchristen in Antiochia beizulegen, reisten Paulus und eine Abordnung nach Jerusalem. Sie wollten diese Frage mit der dortigen Gemeinde besprechen, besonders mit Petrus, Johannes und Jakobus, dem Bruder von Jesus. Das Apostelkonzil kam zu folgendem Ergebnis: Jakobus, Petrus und Johannes sollen sich um die Missionierung der Juden, Paulus und sein Freund Barnabas sollen sich um die Missionierung der Heiden kümmern. Den Heiden sollen dabei keine jüdischen Gesetzesvorschriften auferlegt werden.

1. Was sind Judenchristen, was Heidenchristen?

2. Welche Probleme könnten im Zusammenleben auftauchen?

3. Um welche Streitfrage geht es bei dem Apostelkonzil in Jerusalem?

4. Wie löst das Apostelkonzil das Problem?

Lieber Paulus,
wir brauchen wieder einmal deinen Rat: Wenn unter Christen einmal ein Streit ausbricht oder sogar Unrecht geschieht, darf der Geschädigte dann vor ein heidnisches Gericht gehen, um Recht zu bekommen oder sollen das die Christen unter sich regeln?

Lieber Paulus,
ein Heide ist durch die Taufe Christ geworden und hat sich unserer Gemeinde angeschlossen. Seine heidnische Frau will jedoch nichts vom christlichen Glauben wissen. Soll sich der Mann deshalb scheiden lassen?

Lieber Paulus,
in unserer Gemeinde gibt es Streit darüber, ob die Toten für immer tot sind oder ob es eine Auferstehung der Toten gibt. Was meinst du dazu?

Richter: Das mag ja alles so sein, aber ich habe hier auch einen Brief an einen gewissen Philemon – betreffend einen Sklaven Onesimus. Schauen Sie sich diesen Brief an, erkennen Sie ihn wieder?

Paulus: Ja, diesen Brief habe ich geschrieben.

Richter: Ist Ihnen klar, dass Sie in diesem Schreiben den Sklaven in Schutz nehmen und die schweren Verbrechen, die Onesimus begangen hat, verharmlosen? Damit stellen Sie sich gegen die römische Ordnung.

Paulus: Ich habe doch nur um Milde für den Sklaven Onesimus bei seinem Herrn gebeten.

Richter: Der Sklave hatte seinen Herrn bestohlen. Dafür wird er normalerweise mit Verkauf bestraft. Der Sklave ist dann geflüchtet. Darauf steht Zwangsarbeit in einem Bergwerk oder die Todesstrafe!

Paulus: Ich wollte Philemon ersetzen, was ihm von Onesimus gestohlen wurde. Ich bin überzeugt, dass Onesimus in Zukunft ein treuer Diener sein wird. Er ist Christ geworden.

Richter: Sind Sie der Meinung, dass ein Christ kein Sklave sein kann?

Paulus: Alle Menschen sind Geschöpfe Gottes und so vor Gott auch wertvoll und frei.

1. Wie würdet ihr die drei Briefe an Paulus beantworten? Wie wird wohl Paulus antworten?

2. Lest in 1. Korinther 6,5–11, 1. Korinther 7,12–16 und 1. Korinther 15,3–19 nach, wie Paulus geantwortet hat.

3. Der entflohene Sklave Onesimus wendet sich an Paulus mit der Bitte, ihm zu helfen. Spielt dieses Gespräch.

4. Lest in der Bibel den Brief des Paulus an Philemon. Wie versucht Paulus den Konflikt zu lösen?

Vierter Verhandlungstag: Leiden und Glauben

1. Betrachtet das Bild in Ruhe. Was fällt euch auf?

2. Das Bild enthält sowohl Leidens- wie Hoffnungselemente. Welche sind das?

3. Wie sieht der Künstler Paulus? Was ist ihm wichtig an dieser Person und in dieser Situation?

4. Was fällt euch an der Person auf? Woran erkennt man, dass sie gefangen ist? Wohin blickt sie? Was bedeutet die Sonne?

5. Was könnte die Person denken, fühlen oder sagen?

Richter: Sie haben behauptet, Sie hätten auf Ihren Reisen allerhand erleiden müssen. Können Sie dies näher erläutern?

Paulus: Ich wurde mehrmals überfallen und ausgeraubt. Da ich kaum Geld hatte, konnte ich mir keine guten Schiffe leisten, sodass ich nach Schiffbrüchen mehrmals hilflos auf dem Meer trieb. Ich bin oft hungrig und durstig gewesen, ich habe gefroren, weil ich nicht genug anzuziehen hatte. Weil vielen nicht passte, was ich sagte, wurde ich häufig verhaftet und gefoltert.

Richter: Eine starke Behauptung! Was für eine Art von Folter meinen Sie?

Paulus: Ich wurde fünfmal geschlagen, jedes Mal mit 39 Schlägen. Dreimal wurde ich ausgepeitscht. Bei einer Steinigung bin ich nur knapp dem Tode entgangen.

Richter: Warum nahmen Sie das alles auf sich? Sie sind ein gebildeter Mann und hätten doch sonst wie Ihr Leben verbringen können.

Paulus: Ich denke, es war meine Lebensaufgabe, den Menschen – und vor allem den Heiden – die Botschaft von Jesus Christus zu verkünden. Der Glaube an Jesus Christus gab mir die Kraft, vieles zu ertragen. Auch Jesus Christus wurde verfolgt und musste leiden; warum soll ich mich dann beklagen, wenn ich verfolgt werde und leiden muss?

Richter: Wie kam es schließlich zu Ihrer Verhaftung?

Paulus: Nach meiner dritten Missionsreise kehrte ich nach Jerusalem zurück. Im Tempel wurde ich dann verhaftet.

Richter: Aus welchem Grund?

Paulus: Man beschuldigte mich, den Heiden Trophimus in den heiligen Bezirk des Tempels mitgenommen und so den Tempel entweiht zu haben. Durch das Eingreifen der Tempelwache entging ich nur knapp einem Lynchmord. Ich kam dann für mehrere Jahre in römische Untersuchungshaft. Als man mir schließlich in Jerusalem den Prozess machen wollte, berief ich mich auf mein römisches Bürgerrecht. Nur in Rom darf über mich gerichtet werden. So wurde ich nach Rom überführt.

Richter: Die Aussagen des Angeklagten sprechen für sich! Als besonders schwerwiegend muss gewertet werden, dass sich Paulus eindeutig auf die Seite der Sklaven und somit gegen das römische Recht gestellt hat. Von solchen Fanatikern geht höchste Gefahr für die Sicherheit unseres Staates aus. Wenn das gemeine Volk, ja sogar noch die Sklaven sich als Herren aufspielen, ist es für den Erhalt der Ordnung höchste Zeit, dass abschreckende Strafen ausgesprochen werden. Ich beantrage deshalb für Paulus die Todesstrafe.

Das Gericht zieht sich zur Beratung zurück.

Nach der Überlieferung wurde Paulus in Rom zum Tode durch das Schwert verurteilt und hingerichtet.
Paulus blieb für das Christentum vor allem aus zwei Gründen von zentraler Bedeutung:
1. Durch seine ausgedehnten Missionsreisen hatten sich christliche Gemeinden auch weit außerhalb des jüdischen Einflussbereiches gebildet, vor allem auch deswegen, weil Paulus nicht nur die Juden missionierte, sondern sich auch den Heiden zuwandte. Paulus war der Heiden- und Völkerapostel.
2. Durch seine Briefe, die er an die von ihm gegründeten Gemeinden schrieb, übte er einen nachhaltigen und alle Jahrhunderte überdauernden Einfluss auf das Christentum und die Kirchen aus. Besonders wichtig ist der Römerbrief. Paulus sagt darin, dass der Mensch allein durch die Gnade Gottes angenommen wird. Dieser Satz ist für Martin Luther 1500 Jahre später die entscheidende reformatorische Entdeckung.

1. Paulus musste bei seiner Mission vieles erleiden. Nennt Beispiele.

2. Mit welchen drei Aussagen beantwortete er die Frage, warum er dies alles auf sich nahm?

3. In welcher Weise kann der Glaube helfen, Leiden zu ertragen? Kennt ihr außer Paulus noch andere Menschen, die für ihren Glauben Leiden in Kauf nahmen?

4. Auch heute sind einzelne Menschen oder auch ganze Volksgruppen von Leiden bedroht: Hungerkatastrophen, Folter, Misshandlungen, Rassendiskriminierung, Naturkatastrophen, Großstadtprobleme, Umweltverschmutzung, Verkehrsunfälle.
Erstellt Collagen zu den genannten Oberbegriffen.

Martin Luther und die Reformation

Wer ist ein guter Christ?

Andy Angermeyer, 19 Jahre
kommt aus einem christlichen Elternhaus; flog in der 8. Klasse von der Schule; raucht gelegentlich einen Joint; hat sich längere Zeit im Ausland herumgetrieben und seinen Lebensunterhalt meistens mit kleineren Diebstählen bestritten. Jetzt kommt er wieder nach Hause und will ein neues Leben beginnen.

Bärbel Bauer, 42 Jahre
Pfarrerin in Dresden; kümmert sich vor allem um Obdachlose, hat eine Vesperkirche eingerichtet, in der Arme und Hungrige eine warme Suppe bekommen können; leitet einen Arbeitskreis „Schöpfung bewahren" und hat schon mehrere Aktionen für den Umweltschutz unternommen. Wo sie eine Ungerechtigkeit wahrnimmt, geht sie dagegen vor.

Christine Cramer, 29 Jahre
verheiratet, Mutter von zwei Kindern; hatte einen Freund, der sie während der Dienstreisen ihres Mannes besuchte; ihr Mann hat es herausbekommen und ist ausgezogen; kurze Zeit später hat sich auch ihr Freund von ihr getrennt. Christine war seit ihrer Konfirmation nicht mehr in der Kirche und hat mit Religion nichts am Hut. Jetzt will sie sich eine Bibel kaufen.

Gina Geiger, 45 Jahre
arbeitet seit ihrem achtzehnten Lebensjahr als Prostituierte, wurde von ihrem Zuhälter schon mehrmals krankenhausreif geschlagen, weil sie immer weniger Geld verdient; ein Pfarrer hat ihr vom christlichen Glauben erzählt, und dass sie doch nicht so ein schlechter Mensch ist, wie sie denkt.

Edwin Engelhard, 37 Jahre
wurde zu einer lebenslänglichen Haftstrafe verurteilt, weil er bei einem Banküberfall drei Menschen erschossen hat; sitzt seit 12 Jahren im Gefängnis; durch den Gefängnispfarrer hat er Kontakt zum christlichen Glauben bekommen und bereut nun seine Taten. Würde gern alles rückgängig machen und noch einmal von vorn beginnen.

Frieder Freimuth, 54 Jahre
Fabrikbesitzer, kümmert sich wenig um seine Fabrik, weil er lieber Golf spielt, auf die Jagd geht oder mit seiner Segeljacht unterwegs ist. Hält sich für einen guten Christen, weil er regelmäßig in die Kirche geht und dem Kindergarten und dem Altenheim jedes Jahr eine großzügige Spende zukommen lässt. Auch die 100 000 Euro für die neue Orgel in der Kirche hat er aus der eigenen Tasche bezahlt.

Dörte Dreier, 13 Jahre
Konfirmandin, kann allerdings weder die 10 Gebote noch Psalm 23 auswendig; ist ansonsten ein hilfsbereites Mädchen; raucht heimlich auf Partys und hat vor 14 Tagen zum ersten Mal einen Jungen richtig geküsst. Sie befürchtet, dass sie keine gute Christin ist – wäre es aber gern.

Hanno Hirschberger, 49 Jahre
Theologieprofessor an der Universität; ist bei seinen Studenten sehr beliebt, weil er sie für den Glauben und auch für ihren späteren Beruf als Pfarrer begeistern kann: Er weiß alles über Gott und Jesus und kann große Teile der Bibel auswendig.

1. Wer ist ein guter Christ? Bewertet die einzelnen Personen. Jedem könnt ihr bis zu 10 Punkte geben.

2. Wie viele Punkte würdest du dir selbst geben? Begründe deine Entscheidung.

3. Wie muss ein guter Christ sein? Sammelt Beispiele. Erstellt eine Rangliste mit den zehn wichtigsten Eigenschaften, die ein guter Christ besitzen muss.

„Wie muss ich leben, damit ich ein guter Christ bin?" Diese Frage beschäftigte vor 500 Jahren auch den Mönch Martin Luther. Er fand dabei in der Bibel eine Antwort, die alle üblichen Vorstellungen völlig über den Haufen warf.

Das ist die Hölle!

„Es dauert nicht mehr lange, dann wird die Welt untergehen wegen eurer Bosheit."

Und wenn ihr Glück habt, dann kommt ihr für eure Bosheit nicht in die Hölle, sondern nur ins Fegefeuer."

„Und was passiert mit mir im Fegefeuer?"

„Da bleibt ihr so lange, bis all eure Bosheit aus euch herausgekocht ist."

„Kommt man auch ins Fegefeuer, wenn man mal was geklaut hat?"

„Und wenn man mal gelogen hat?"

„Neulich habe ich einen verprügelt, weil er mich beleidigt hat. Muss ich dafür auch ins Fegefeuer?"

„Und für so ein bisschen Betrügen?"

„Natürlich kommt ihr dafür ins Fegefeuer. Und nicht nur dafür: Auch für Beleidigung, Gotteslästerung, wenn ihr unbedacht ‚O Gott' sagt, wenn du jemandem die Frau ausspannst, ja sogar für den Gedanken daran kommt ihr ins Fegefeuer!"

160

1. Beschreibe, was du auf dem Bild vom Fegefeuer entdecken kannst.

2. Kannst du erkennen, weshalb die Menschen hier sind?

3. Welche Ängste hatten die Menschen im Mittelalter?
   Wer war für diese Ängste verantwortlich?

4. Wofür droht der Mönch den Menschen das Fegefeuer an?

5. Wenn du in dieser Zeit gelebt hättest, mit welchen Strafen hättest du rechnen müssen?

 Nach katholischer Vorstellung ist das Fegefeuer ein Ort der Reinigung und Läuterung. Menschen, die viele Sünden begangen haben, kommen nicht direkt zu Gott, sondern müssen erst im Fegefeuer von ihren Sünden gereinigt werden.

Viele Menschen hatten Angst vor dem Tod. Sie fürchteten, dass sie zur Strafe für ihre bösen Taten ins Fegefeuer oder in die Hölle kommen. Die Kirche versprach: Wenn ihr auf die Kirche hört und gute Werke tut, werdet ihr gerettet.

Martin Luther geht ins Kloster

Tagebuch von Martin Lüther

Name: Martin Lüther
Gebürtstag: 10. November Anno Domini 1483
Eltern: Hans Lüther, Bergmann; Margarete Lüther, Haüsfraü
wohnhaft in: Eisleben

17. April a. D. 1501.

Ich will einmal Anwalt werden. Heüte beginne ich das Studiüm der Jüristerei in Erfürt. Mein Vater ist sehr stolz aüf mich.

3. Mai a. D. 1505

Karl ist tot. Eben noch frisch und münter in die Ferien gegangen. Jetzt ist er tot. Und wenn ich heüte sterbe? Wie wird Gott über mich ürteilen? Bin ich bis heüte ein güter Christ gewesen? Ich fürchte nicht!

2. Jüli a. D. 1505

Dem Herrn sei Dank, der heiligen Anna sei Dank.
Ich lebe. Ich lebe noch! Ein Gewitter überraschte mich auf freiem Felde, nicht weit von Stotternheim. Ich konnte mich nirgends ünterstellen. Direkt neben mir schlüg ein Blitz ein. Ich hatte Todesangst. Ich rief: „Rette mich, heilige Anna, dann will ich ein Mönch werden!"

3. Juli a. D. 1505

Muss ich mein Gelübde einhalten? Mönch werden … wie schrecklich.
Ein Leben lang nur beten und arbeiten. Und keine Frau und keine Kinder!
Ich werde einen Priester fragen, ob mein Eid wirklich zählt. Ich habe ihn
doch in der Not gegeben!

5. Juli a. D. 1505

Jeder sagt mir etwas anderes. Der Mönch, den ich fragte, meinte: „Eid ist Eid.
Geschworen ist geschworen. Eure Rede sei Ja, Ja und Nein, Nein. So steht's in
der Bibel. Wenn Ihr den Eid nicht einhaltet, wird Gott Euch strafen!"
Alle meine Juristen-Freunde meinen dagegen: „Ein Eid in Not gilt nicht."

16. Juli a. D. 1505

Es hilft alles nichts. Ich kann meinen Eid nicht brechen.
Ich breche mein Jura-Studium ab. Auch wenn Vater
sauer sein wird. Es gibt nur eine Lösung: Ich werde ins
Kloster gehen. Nur so kann ich hoffen, dem Fegefeuer
zu entkommen.

1. Welche Ängste hat Martin Luther?

2. Warum verspricht Luther in seiner Todesangst, ins Kloster zu gehen und nicht z. B. ein guter Anwalt zu werden?

3. Was meint ihr: Muss sich Luther an seinen Eid halten?

4. Als sich Martin Luther im Kloster bewirbt, muss er einen tabellarischen Lebenslauf abgeben. Schreibt diesen Lebenslauf für ihn.

5. Luther wird zu einem Vorstellungsgespräch ins Kloster eingeladen. Bei diesem Gespräch muss er begründen, warum er sich entschieden hat, Mönch zu werden. Spielt dieses Bewerbungsgespräch.

Martin Luthers große Entdeckung

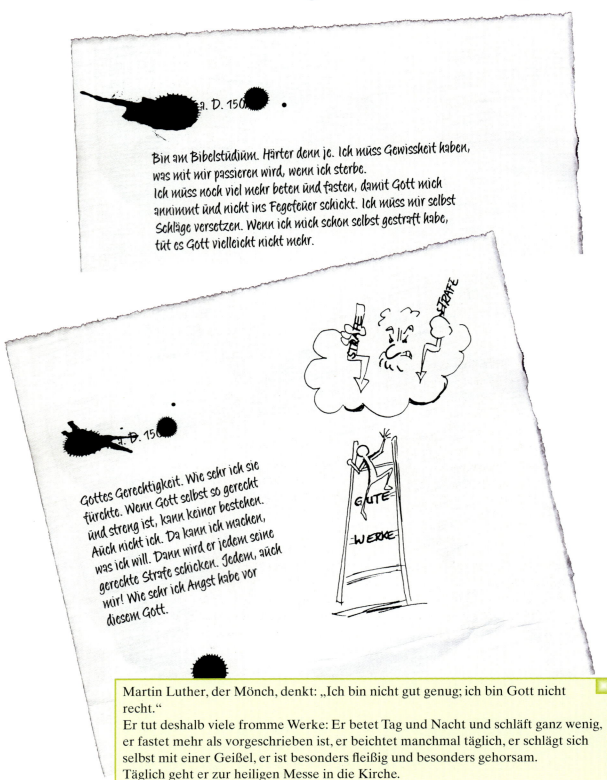

A. D. 150

Bin am Bibelstudium. Härter denn je. Ich muss Gewissheit haben, was mit mir passieren wird, wenn ich sterbe.
Ich muss noch viel mehr beten und fasten, damit Gott mich annimmt und nicht ins Fegefeuer schickt. Ich muss mir selbst Schläge versetzen. Wenn ich mich schon selbst gestraft habe, tut es Gott vielleicht nicht mehr.

A. D. 150

Gottes Gerechtigkeit. Wie sehr ich sie fürchte. Wenn Gott selbst so gerecht und streng ist, kann keiner bestehen. Auch nicht ich. Da kann ich machen, was ich will. Dann wird er jedem seine gerechte Strafe schicken. Jedem, auch mir! Wie sehr ich Angst habe vor diesem Gott.

Martin Luther, der Mönch, denkt: „Ich bin nicht gut genug; ich bin Gott nicht recht."
Er tut deshalb viele fromme Werke: Er betet Tag und Nacht und schläft ganz wenig, er fastet mehr als vorgeschrieben ist, er beichtet manchmal täglich, er schlägt sich selbst mit einer Geißel, er ist besonders fleißig und besonders gehorsam.
Täglich geht er zur heiligen Messe in die Kirche.

Eben habe ich zum hundertsten Mal den Brief des Paulus an die Römer gelesen, ebenso das Gleichnis vom verlorenen Sohn. Und endlich: Ich hab's kapiert. Ich kann überhaupt nicht aus eigener Kraft zu Gott kommen. Ich kann so viele gute Werke tun, wie ich will. Es wird nie reichen!
Aber: Gott liebt mich auch so. Er liebt mich wie einen Sohn. Ich darf Fehler machen. Wenn ich ihn um Verzeihung bitte, wird er mir verzeihen. Ich kann seiner Liebe gewiss sein. So funktioniert seine Gerechtigkeit: Weil Gott mir vergibt, darf ich es noch einmal versuchen, kann ich wieder neu anfangen, kann wieder gerecht und gut handeln.

> Die Menschen können in Gottes Augen nicht gerechter werden, wenn sie sich anstrengen. Gott selbst macht die Menschen gerecht, wenn sie ihm vertrauen. Gottes Vergebung kann man auch nicht kaufen. Gott schenkt sie denen, die ihre Schuld bereuen, ganz umsonst. Gott schenkt allen Menschen seine Liebe, die sie annehmen.

1. Was macht Luther, um vor Gott bestehen zu können?

2. Warum wird Luther immer verzweifelter?

3. Lest in der Bibel das Gleichnis vom verlorenen Sohn (Lukas 15,11–32). Was hat das Gleichnis mit Luthers Entdeckung zu tun? Erklärt diese mit euren eigenen Worten.

4. Vergleicht die beiden Skizzen Luthers. Erklärt die Unterschiede.

5. Zeichnet die Skizzen in euer Heft und schreibt jeweils einen Erklärungssatz dazu.

Luther geht an die Öffentlichkeit

Tetzel verkauft Ablassbriefe

1. Aus welchen Gründen kaufen sich die Menschen Ablassbriefe?

2. Wenn du damals gelebt hättest, hättest du dir einen solchen Ablassbrief gekauft?

3. Warum hatte die Kirche ein Interesse daran, dass die Menschen sich Ablassbriefe kauften?

Luther schlägt 95 Thesen an

Am 31. Oktober 1517 schlägt Luther 95 Thesen gegen den Ablass an die Eingangstür der Schlosskirche in Wittenberg. Luthers berühmter Thesenanschlag gilt als der Beginn der Reformation. Reformation heißt „Veränderung" oder „Erneuerung".

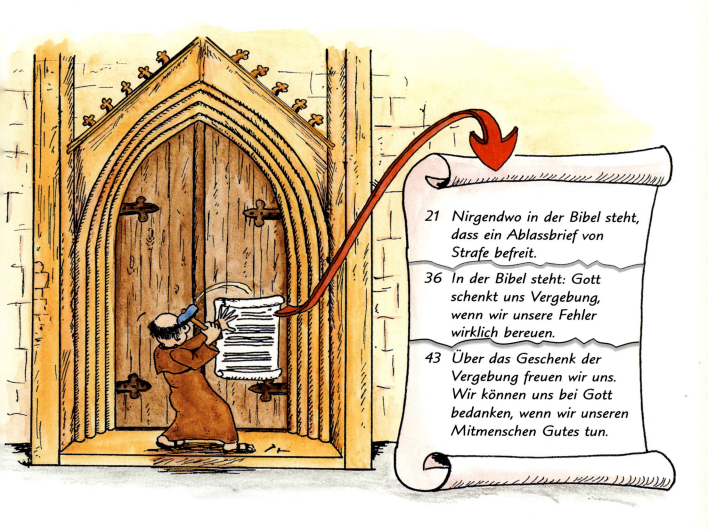

21 Nirgendwo in der Bibel steht, dass ein Ablassbrief von Strafe befreit.

36 In der Bibel steht: Gott schenkt uns Vergebung, wenn wir unsere Fehler wirklich bereuen.

43 Über das Geschenk der Vergebung freuen wir uns. Wir können uns bei Gott bedanken, wenn wir unseren Mitmenschen Gutes tun.

1. Was meint ihr: Wer hat Recht, Luther oder Tetzel?

2. Luther wendet sich gegen den Verkauf von Ablassbriefen. Was sind die Hauptargumente Luthers?

3. Luther schreibt dem Papst in Rom einen Brief, in dem er seine Meinung zu den Ablassbriefen mitteilt. Schreibt diesen Brief für ihn.

4. Was meint ihr: Wie wird die Kirche auf die Thesen Luthers reagieren?

Martin Luther auf der Flucht

16. April a. D. 1521

Morgen ist es so weit. Ich soll vor Kaiser und Fürsten meine Thesen widerrufen. Wenn ich meine Thesen nicht zurückziehe, dann werden sie mich verurteilen und hinrichten. Ich habe Angst.
Was soll ich nur tun? Soll ich gegen meine Überzeugung lügen, damit ich am Leben bleibe?

18. April a. D. 1521

Reichstag in Worms: Zwei Tage bin ich verhört worden. Es war sehr anstrengend. Bis zum Schluss wollte der Reichstag, dass ich meine Thesen zurückziehe. Aber nicht mit mir!
Mein Schlüsswort war: Ich widerrufe nur, wenn meine Thesen durch die Bibel widerlegt werden. Das werden sie nicht, deshalb widerrufe ich nicht. Ich kann nicht anders, hier stehe ich, Gott helfe mir. Amen.

REICHSACHT FÜR LUTHER

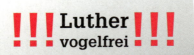
!!!Luther!!! vogelfrei

Luther undercover auf der Wartburg?

𝕷uther entführt oder tot?

LUTHER
IM GUINNESS-BUCH DER REKORDE:
IN **11 WOCHEN**
DAS NEUE TESTAMENT ÜBERSETZT

Luther vor dem Reichstag
Bild: dpa.

Martin Luther übersetzt die Bibel

Ich bin entkommen. Dank sei Gott dem Herrn.
Freunde haben mich auf die Wartburg gebracht. Hier bin ich sicher. Junker Jörg
nennen sie mich jetzt. Zur Tarnung.
Jetzt habe ich erst einmal viel Zeit. Die will ich nutzen.
Was ich entdeckt habe, nämlich dass Gott die Menschen liebt und sie nicht bestra-
fen will, das müssen möglichst viele Menschen wissen. Ich will die Bibel übersetzen,
dann können die Menschen selbst die Bibel lesen und sie werden wissen, dass ich
Recht habe.
Ich habe angefangen, das Neue Testament aus dem Griechischen zu übersetzen.
Spannend. Besonders der Brief des Paulus an die Römer: Da gibt es einen Satz, der
genau das beschreibt, was so wichtig ist:

λογιζόμεθα γὰρ δικαιοῦσθαι πίστει ἄνθρωπον χωρὶς ἔργων νόμου.

ἄνθρωπον	der Mensch
γὰρ	nämlich
δικαιοῦσθαι	wird gerecht
ἔργων	durch gute Taten
λογιζόμεθα	Wir halten daran fest:
νόμον	des Gesetzes
πίστει	durch den Glaube
χωρὶς	ohne

1. Luther steht vor einer schweren Entscheidung: soll er seine Thesen widerrufen oder sind ihm seine Thesen so wichtig, dass er sein Leben dafür riskieren soll? Wie hättet ihr euch entschieden? Sammelt für beide Positionen Argumente.

2. Unter welchen Umständen würde Luther seine Thesen widerrufen?

3. Warum übersetzt Luther die Bibel?

4. Luther findet im Römerbrief einen Schlüsselsatz, der genau das ausdrückt, was er neu entdeckt hat. Übersetzt mit Hilfe des Lexikons diesen Bibelvers und schreibt ihn in Schönschrift in euer Heft.

5. Zurück zur ersten Doppelseite dieses Kapitels. Wie müssen die Personen aufgrund Martin Luthers Entdeckung bewertet werden?

Martin Luther wollte eine Reformation der Kirche, d. h. eine gründliche Erneue-rung. Doch der Papst und die Bischöfe lehnten dies ab. Sie schlossen Luther sogar aus der Kirche aus. Da viele Menschen wie Luther dachten, kam es zu einer Tren-nung der Kirche in zwei verschiedene Konfessionen, in die evangelische und in die katholische Konfession.

Eine Religion stellt sich vor

 Schüleraustausch Deutschland Israel
Ferien einmal anders

Willst du neue Erfahrungen machen – mit anderen Menschen,
einem fremden Land und mit einer anderen Religion?

Dann sind

4 Wochen
leben bei einer Gastfamilie
in Israel

genau richtig für dich.

Probier's aus! Deine jüdische Gastfamilie freut sich schon auf dich!

Max und Greta nehmen an dem Schüler-
austauschprogramm teil und verbringen
ihre Sommerferien in Israel. Nach vier
Stunden Flug und einer langen Busfahrt
kommen sie bei ihrer Gastfamilie in Tibe-
rias am See Genezareth an. Samuel, der
13-jährige Sohn, spricht sehr gut Deutsch
und nimmt die beiden sofort in Empfang.

*Ich heiße Samuel,
auf hebräisch heißt das
Schmuel. Meine Freunde
nennen mich aber
einfach Samy.*

1. Welche Symbole auf dem Prospekt erkennt ihr? Informiert euch über die jeweilige Bedeutung.
   Zeichnet die Symbole in euer Heft und schreibt jeweils einen Erklärungssatz dazu.

Max und Greta merken schnell, dass Samys Familie sehr religiös ist und viel Wert auf Tradition legt. Max und Greta, die im Religionsunterricht schon einiges über das Judentum gehört haben, interessieren sich sehr dafür. Als sie abends mit Samy allein sind, stellen sie ihm viele Fragen:

Glaubst du an denselben Gott wie wir Christen?

Stimmt es, dass du vieles, was gut schmeckt, nicht essen sollst?

Bist du auch beschnitten?

Werden Juden auch getauft und konfirmiert?

Warum tragen Juden manchmal so ein komisches Käppchen?

Habt ihr die gleiche Bibel wie wir?

Glaubst du an Jesus?

1. Was würdet ihr noch gern von Samuel wissen? Sammelt weitere Fragen.

2. Was wisst ihr bereits von der jüdischen Religion und von Israel?

3. Bringt Bücher, Bilder, Gegenstände usw. mit, die etwas mit dem Judentum oder mit Israel zu tun haben. Gestaltet in eurem Klassenzimmer eine Ausstellung.

4. Findet heraus, ob es in eurem Ort oder in eurer Stadt noch Spuren jüdischen Lebens gibt, z.B. Straßennamen,

Flurnamen, Gedenktafeln, jüdische Friedhöfe, Gebäude, Erinnerungen älterer Menschen, Zeitungsartikel im Stadtarchiv.

5. Gibt es in eurer Umgebung eine Synagoge oder einen jüdischen Friedhof? Ihr könnt eine Exkursion planen, durchführen und auswerten.

6. Ladet einen Vertreter oder eine Vertreterin einer jüdischen Gemeinde zu einem Gespräch in euren Religionsunterricht ein.

Grundlagen des jüdischen Glaubens

Samuel: Meine Religion, das Judentum, ist eine der ganz alten Religionen der Welt. Vor ungefähr 4000 Jahren kam Abraham mit seiner Familie nach Kanaan. Das ist heute Israel. Gott schloss mit ihm einen „Bund", also eine Art Vertrag. Darin hat er sich verpflichtet, unser Gott zu sein und für uns zu sorgen. Und wir haben uns verpflichtet, seine Gebote zu befolgen.

Max: Ist das der gleiche Gott, an den auch wir Christen glauben?

Samuel: Ja, ihr glaubt an denselben Gott wie wir. Wir glauben, dass Gott in unserer Geschichte immer da gewesen ist und unser Volk als sein Volk erwählt hat. Er schloss mit uns einen Bund. Aber wir dürfen uns darauf nichts einbilden. Erwählung heißt für uns, verpflichtet zu sein, nach den Geboten Gottes zu leben.

Greta: Und was ist mit Jesus? Glaubst du an seine Worte nicht?

Samuel: Jesus ist ein jüdischer Mensch gewesen – wenn auch ein besonderer. Wir glauben nicht, dass er der Sohn Gottes oder der Messias ist. Auf den Messias, den Gesandten Gottes, warten wir noch immer. Wenn er gekommen ist, wird auf der Welt immer Frieden herrschen, und es wird keine Ungerechtigkeit mehr geben.

1. Fasse das, was Samy erzählt, in einem kurzen Hefteintrag mit der Überschrift „Das Judentum" zusammen.

2. Der Name Gottes im Hebräischen ist יהוה, d.h. Jahwe. Schreibe den Namen Gottes auf Hebräisch in Schönschrift in dein Heft und erkläre seine Bedeutung (vgl. 2.Mose 3,1–15). Aus Ehrfurcht sprechen die Juden diesen Namen nie aus, sondern sagen stattdessen z.B. „Adonai" (Herr).

Die Tora

Samuel: Unsere Bibel ist inhaltlich genau dasselbe wie euer Altes Testament – nur die Reihenfolge ist bei uns etwas anders. Besonders wichtig ist für uns dabei der erste Teil, die fünf Bücher Mose. Diese nennen wir Tora, d.h. Weisung. In der Tora stehen 613 Gebote und Verbote – die bekanntesten sind die „Zehn Gebote" – und viele Erzählungen, beginnend von der Schöpfungsgeschichte bis zum Tod Moses vor dem Einzug ins Land Kanaan.

1. Zeichne eine aufgerollte Schriftrolle in dein Heft und beschrifte sie mit einem Text aus den Mose-Büchern, der dir besonders gut gefällt.

2. Auf dem Zettel stehen einige weltbekannte Geschichten aus der Tora. Ordnet sie in Partnerarbeit in die richtige Reihenfolge. Ihr könnt dabei auch die Bibel zu Hilfe nehmen.

- die Sintflut,
- Gott erscheint Mose im brennenden Dornbusch,
- die Schöpfungsgeschichten,
- der Auszug des Volkes Israel aus Ägypten,
- Jakob und Esau,
- Abrahams Auszug,
- Moses Tod,
- Josef und seine Brüder,
- Kain und Abel,
- das Volk Israel erhält die Zehn Gebote am Berg Sinai,
- Gott ist zu Gast bei Abraham,
- Jakobs Kampf mit dem Engel,
- der Tanz um das goldene Kalb

Die Tora ist in Hebräisch geschrieben

Im Hebräischen schreibt man von rechts nach links:

learsI ni nam tbierhcs oS

Kannst du das lesen?
Die Vokale (a,e,i,o,u) werden beim Schreiben weggelassen, aber gesprochen:

lrs n nm tbrhcs S

Jetzt wird es mit dem Lesen schon schwieriger, oder?

1. Suche dir einen kurzen Satz aus dem Alten Testament heraus und „verschlüssle" ihn, indem du von rechts nach links und ohne Vokale schreibst. Kann dein Nachbar den Satz lesen?

Unser Bekenntnis: das Schma Jisrael

Samuel: In 5. Mose 6,4–9 steht unser wichtigstes Gebet, das Schma Jisrael (Höre, Israel). Für uns ist das so etwas wie ein Glaubensbekenntnis, eine Erinnerung an die Grundlagen unseres Glaubens.
Hier findet ihr das Schma Jisrael – geschrieben wie im Hebräischen von rechts nach links und ohne Vokale.

.rnk tsns dn rrH rd, ttG rsn ts rrH rD. lrs ,rH

.tfrK rll tm dn nllW mzng tm, nzrH mzng nv nbl ttG nnd ,nrrH nd d tslls mrD

!dnkrv th hc hc d, snthcdG m tbG d ttlhB

rv rdw rmm hc s tgs dn, n nrdnK nr s tgrP

– z Hs nd f ,Rsn, wnn hr lg hc schlfn th ,nw dn hr rwcht.

.nrtS d f dn mr nd n gnrnnr ngdnts rz hc s tdnB

.tdtS rr rT d f dn rsH rr ntsfprT d f s tbrhcS

1. Versucht den Text in Partnerarbeit zu entschlüsseln. Wenn es zu schwierig ist, könnt ihr den Bibeltext in 5. Mose 6,4–9 zu Rate ziehen.

2. Schreibe dieses Bekenntnis der Juden richtig und in Schönschrift in dein Heft und gestalte die Seite als Schmuckblatt.

Sabbat

Hello Tanja!

Endlich Ruhetag, endlich habe ich ein bisschen Zeit für mich. Hier ist's zwar super, aber jeden Tag so viel Neues und die vielen Besichtigungen und Rundfahrten – auf die Dauer ist das ganz schön anstrengend. Heute war's zum ersten Mal ein bisschen lockerer - weil Sabbat war. Sabbat ist Samstag, aber eigentlich Sonntag. Alles klar? Unsere fromme Gastfamilie macht da total auf family. Der Sabbat beginnt schon am Freitagabend mit dem Sonnenuntergang. Nachdem tagsüber alles geputzt worden war, hat die Mutti dann abends die zwei Sabbatkerzen angezündet. Dazu hat sie den Lichtersegen gesprochen. Nach dem Gottesdienst in der Synagoge fand dann die eigentliche Sabbatfeier zu Hause statt. Wein und Brot wurden gesegnet und es gab ein gutes Essen. Dabei wurde viel gesungen.

Am Samstag sind wir dann alle wieder in die Synagoge gegangen. Diesmal stand das Vorlesen der Tora im Mittelpunkt. Während des ganzen Sabbats wird nicht gearbeitet, nicht einmal das Licht wird ein- und ausgeschaltet, auch Auto wird nicht gefahren. Aber anscheinend gibt es auch viele Familien, die das mit den Sabbatvorschriften nicht so genau nehmen. In meiner Gastfamilie jedenfalls war's sehr schön. Wir hatten viel Zeit zum Lesen, zum sich Unterhalten oder was zusammen zu spielen. Max hat allen Pokern beigebracht! Der Daddy hat ein bisschen in der Tora gelesen.

Mit Sonnenuntergang am Samstag endete der Sabbat. In einer kleinen familiären Feier wurde er verabschiedet: Zunächst wurde eine geflochtene Kerze mit mehreren Dochten angezündet. Danach haben wir an wohlriechenden Gewürzen gerochen und ein bisschen Wein getrunken. Der Rest des Weines wurde auf einen Teller geschüttet, worin dann die Kerze gelöscht wurde.

Bis demnächst!
Schalom, Greta

1. Der Sabbat dauert von Sonnenuntergang freitags bis Sonnenuntergang samstags. Wie wird der Sabbat in dieser Zeit gefeiert? Ordnet die verschiedenen Tätigkeiten und Feierlichkeiten den Tagen Freitag und Samstag zu.

2. Mit welchen vier Handlungen endet der Sabbat?

3. Bei der Feier des Sabbats beziehen sich die Juden auf 1. Mose 2,2–3 und 2. Mose 20,8–10. Zeichne zwei Sabbatkerzen nebeneinander in dein Heft und schreibe wichtige Begriffe aus diesen beiden Texten um die Kerzen herum.

Wichtige Stationen und Feste in unserem Leben

Beschneidung

Samuel zeigt Max und Greta ein Fotoalbum mit alten Familienbildern.
Samuel erklärt: „Das war bei meiner Beschneidung." Max horcht auf. „Beschneidung? Das interessiert mich schon lange. Erzähl mal, was da passiert!" „Die Beschneidung ist bei uns so wichtig wie bei euch Christen die Taufe", antwortet Samuel. „Nur wer beschnitten ist, ist wirklich Jude. Am achten Tag nach seiner Geburt wird jeder jüdische Junge beschnitten. Bei mir wurde das im Krankenhaus gemacht. Dabei hat der Mohel, das heißt auf deutsch ,Beschneider', in einer kleinen Operation die Vorhaut meines Gliedes entfernt. Das ist das Zeichen dafür, dass ich Jude bin und in den Bund mit Gott aufgenommen bin."
„Und was ist mit den Mädchen?", fragt Greta. „Die können ja nicht beschnitten werden. Sind das dann keine echten Juden?" Samuel lacht: „Natürlich sind jüdische Mädchen genauso Juden wie jüdische Jungen! Und sie gehören auch genauso zum auserwählten Volk. Die Beschneidung ist eben ein Gebot, das sich nur auf die Männer bezieht. Auch die Mädchen bekommen, wie wir Jungen, am achten Tag nach der Geburt ihren Namen, und dieser Tag wird ebenso gefeiert wie der Beschneidungstag der Jungen."

1. Wenn ihr wissen wollt, warum alle jüdischen Jungen am achten Tag beschnitten werden, könnt ihr das in 1. Mose 17,1–14 nachlesen.

2. Sucht zehn jüdische Vornamen. Ein Blick in die Bibel kann euch helfen.

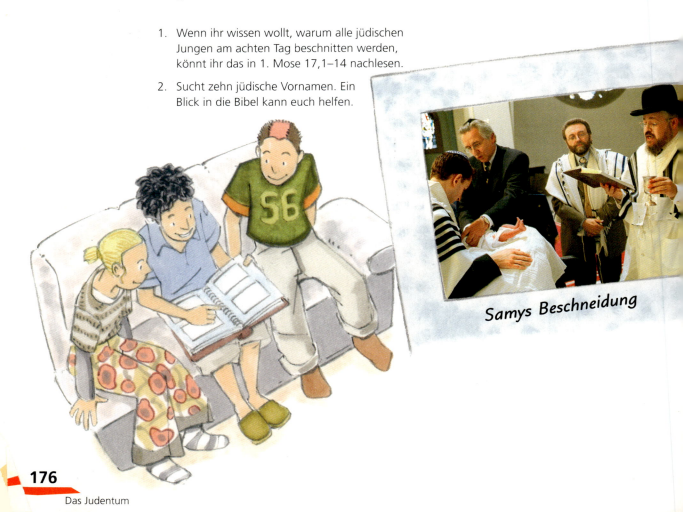

Samys Beschneidung

Bar-Mizwa und Bat-Mizwa

Max: Ist mit der Beschneidung dann alles gelaufen? Bei uns gibt's z.B. noch die Konfirmation.

Samuel: Das ist bei uns ganz ähnlich. Mit 13 Jahren, also in diesem Jahr noch, werde ich *Bar-Mizwa*, das heißt „Sohn der Pflicht". Bar-Mizwa ist ein ähnliches Fest wie eure Konfirmation. Ich darf dann zum ersten Mal im Gottesdienst den Gebetsschal und die Gebetsriemen anlegen und vor der ganzen Gemeinde aus der Tora vorlesen. Von da an zähle ich auch beim „Minjan" mit, das ist die notwendige Mindestzahl von zehn anwesenden Erwachsenen für einen Gottesdienst.

Greta: Bei uns geht das aber nicht so automatisch mit dem Alter. Wir haben vorher mindestens ein Jahr stressigen Konfirmandenunterricht.

Samuel: Das ist bei uns nicht anders. Damit ich die Bibel und die Gebete verstehen und auch lesen kann, bekomme ich schon seit längerer Zeit zusammen mit anderen jüdischen Kindern Unterricht in Alt-Hebräisch und im Umgang mit biblischen Texten.

Greta: Besonders frauenfreundlich scheint ihr ja nicht zu sein. Gilt das alles wieder nur für die Jungs?

Samuel: Nein, das Fest gibt es für die Mädchen genauso. Mädchen werden schon mit 12 Jahren *Bat-Mizwa*, d.h. „Tochter der Pflicht". Sie tragen dann zwar keinen Gebetsmantel und keine Gebetsriemen, aber sie dürfen nach der Bat-Mizwa zu Hause das Sabbatlicht anzünden und den Segen sprechen.

1. Was darf ein jüdischer Junge vom Zeitpunkt seiner Bar-Mizwa an tun? Was ein jüdisches Mädchen nach ihrer Bat-Mizwa?

2. Beschreibt Unterschiede zwischen unserer Konfirmation und der Bar-Mizwa.

Bar-Mizwa von Cousin Ari

Esther heiratet

Besuch an Opas Grab

Speisevorschriften

Menü 1
Vorspeise: Krabbencocktail.
Hauptgericht: Wiener Schnitzel,
Pommes frites und Salat.
Dessert: Früchte der Saison.

Menü 2
Vorspeise: Avocado mit Erdnussbutter.
Hauptgericht: Fischburger und
Pommes frites mit Ketchup oder Majo.
Dessert: Eisbecher „Schokotraum"
mit Schoko- und Vanilleeis,
verschiedene Früchte, Schokocreme
und Schokostreusel.

Menü 3
Vorspeise: Spargelcremesuppe.
Hauptgericht: Gegrillte Wachteln,
Reis und Salat.
Dessert: Käseplatte.

Erlaubtes Essen – ganz schön kompliziert

Samuel und Max gehen essen. Samuel hat ein schönes Lokal ausgesucht.

Max: Ey, super! Heute lade ich dich mal ein. Wir bestellen uns was Gutes. Ich weiß schon, was ich esse: eine große Pizza Salami. Das ist meine absolute Lieblingspizza. Isst du eine mit?

Samuel: Nein, die ist nicht koscher.

Max: Nicht koscher? Natürlich ist die koscher. Ich bin der absolute Pizza-Salami-Spezialist. Ich hab schon hunderte verdrückt, und mir hat noch keine geschadet.

Samuel: Und ich bin der absolute Koscher-Spezialist. Koscher hat überhaupt nichts mit Geschmack oder Verträglichkeit zu tun. Unter den vielen Geboten, die wir Juden wegen des Bundes mit Gott erfüllen sollen, gibt es auch viele Speisegebote. Alles, was wir essen und trinken, muss diesen Vorschriften entsprechen. Dann ist es koscher bzw. erlaubt. Und Schweinefleisch ist eindeutig nicht koscher.

Max: Du sollst ja auch kein Schwein essen, sondern nur eine Pizza Salami.

Samuel: Und was denkst du, woher die Salami kommt? Vom Baum gepflückt?

Max: Heute sind wir aber wieder witzig! Also gut, dann nehmen wir halt wieder ein Hähnchen und als Dessert eine extra große Portion von eurem guten Joghurt.

Samuel: Leider, leider, liebes Mäxchen, geht das auch nicht!

Max: Was, wieso? Das haben wir doch alles schon bei euch zu Hause gegessen. Und, wie ich euch kenne, habt ihr dabei bestimmt gegen kein Gebot verstoßen.

Samuel: Ja, das stimmt. Hähnchen und Joghurt sind erlaubt, aber wir dürfen Fleisch und Milch weder zusammen aufbewahren, noch zusammen essen. Vielleicht ist es dir nicht aufgefallen, aber wir haben zu Hause extra zwei Kühlschränke: einen für Fleischwaren und einen für Milchspeisen und auch spezielles Geschirr. Das eine wird nur für Fleischwaren benutzt, das andere nur für Milchspeisen.

Max: Ich krieg' zu viel. Kann man bei euch ohne Abitur überhaupt richtig essen?

Samuel: So schwierig ist das überhaupt nicht. Ich bestelle mir jetzt z.B. drei Hamburger. Die sind hier 100 % aus Rindfleisch, also koscher, und schmecken super!

Max: Und Rindfleisch ist immer koscher? Oder gibt's da auch wieder ein paar Fallen?

Samuel (lacht): Fallen nicht, aber die Tiere, deren Fleisch wir essen dürfen, müssen vorher geschächtet, d.h., auf eine ganz besondere Art geschlachtet worden sein!

Max: Hat das alles, ich meine die ganzen Vorschriften, eigentlich einen tieferen Sinn, oder ist das einfach nur so?

Samuel: Viele Vorschriften kann man zwar hygienisch-medizinisch erklären, viele aber auch nicht. Mein Rabbi, bei dem ich für meine Bar-Mizwa lerne, sagt, dass es im Judentum viele Gesetze gibt, die man nur deshalb einhalten muss, um den Gehorsam gegenüber Gott zu zeigen und als Bekenntnis zum Jude-sein. Dazu, so meint er, zählen auch viele der Speisegebote.

- Fische ohne Schuppen (Aal);
- Früchte, Getreide, Gemüse;
- Greifvögel;
- Fleisch in seinem Blut;
- Milch und Milchprodukte;
- Schwein und Kamel (haben gespaltene Klauen, sind aber keine Wiederkäuer);
- Eier von zugelassenen Tieren;
- wiederkäuende Säugetiere, die gespaltene Hufe haben, wie Rind, Schaf, Ziege;
- Fische mit Schuppen und Flossen;
- Geflügel
- Pferd und Esel (haben weder gespaltene Hufe noch sind sie Wiederkäuer);
- Weichtiere (Schnecken, Austern);
- Milch- und Fleischspeisen zusammen;
- Milch und Fisch zusammen

1. Die Speisevorschriften der Juden stehen vor allem in 3. Mose 11,1–23. Lest diese Stelle und ordnet dann in einer Tabelle die Auswahl auf dem Zettel zu: Erlaubt / Nicht erlaubt

2. Ein jüdischer Freund oder eine jüdische Freundin ist bei euch zu Gast. Stellt einen Speiseplan auf mit koscheren Speisen.

3. Welche der auf der Speisekarte auf der linken Seite angebotenen Menüs darf ein Jude essen?

4. Auch im Christentum und im Islam gibt es im Umgang mit dem Essen einiges zu beachten. Die folgenden Begriffe können dir dabei helfen: Tischgebet, Brotbrechen, Fastenzeit, Karfreitag, Ramadan …

Wie Juden beten

Samuel nimmt Max und Greta mit in die Synagoge zu seinem Bar-Mizwa-Unterricht. In der Synagoge tragen alle Schüler eine Kopfbedeckung (Kippa). Auch Max hat von Samuel ein solches Käppchen bekommen.

Das Thema heute ist das richtige Beten. David hat die Gebetskleidung angelegt. Der Rabbi erklärt: „Um richtig zu beten, brauchen wir einen Gebetsschal (Tallit) und die zwei Gebetsriemen (Teffilin). Beim Gebet hüllen wir uns in den Gebetsschal ein: So geborgen ist der Mensch im ‚Schatten der Flügel Gottes‘. An allen Ecken des Gebetsschals sind Quasten (Zizit) angebracht, die uns an die Gebote Gottes erinnern sollen."

„Dann legen wir die Gebetsriemen an", fährt der Rabbi fort, „zuerst um den linken Arm, mit einer Kapsel zum Herzen hin, bis zum Handgelenk. Dann um den Kopf mit der zweiten Kapsel über der Stirn. Wer weiß noch, was sich in den Kapseln befindet?" Samuel meldet sich: „In den Kapseln befinden sich Pergamentstreifen mit wichtigen Bibeltexten in winziger hebräischer Schrift." Der Rabbi ist zufrieden: „Gut, Samuel! Und was steht in diesen Bibelstellen?" David, ein anderer Schüler, antwortet: „Das sind unsere wichtigsten Texte: das Bekenntnis zu dem einzigen Gott und die Schilderung der Befreiung aus der Sklaverei in Ägypten." Greta meldet sich: „Hat es eine besondere Bedeutung, wie die Gebetsriemen gebunden werden?" Einer der Schüler antwortet: „An Arm – mit Ausrichtung zum Herzen – und Stirn gebunden sollen sie daran erinnern, dass wir mit Kopf, Herz und Hand an die Worte und Taten Gottes denken und seine Gebote erfüllen sollen."

1. Was will ein Jude damit ausdrücken, wenn er beim Morgengebet Teffilin, Tallit und Kippa anlegt?
Warum wird der Gebetsriemen um Stirn, Arm und Handgelenk gelegt?

2. Lest noch einmal das Schma Jisrael. Auf welche Bibelverse beziehen sich die einzelnen Gebetspraktiken?

3. Zeichne einen „komplett bekleideten" Juden beim Gebet und beschrifte die wichtigsten „Kleidungsstücke".

Zum Abschluss des Bar-Mizwa-Unterrichts beten alle gemeinsam die beiden wichtigsten Gebete der Juden: das Kaddisch (Heiliggebet) und das Schmone Esre (Achtzehn-Gebet). Max, der ein paar Brocken Hebräisch kann und oft mitbekommen hat, wie Samy diese Gebete auswendig gelernt hat, will laut mitsprechen. Greta stößt ihn an: „Sei ruhig! Das sind doch jüdische Gebete. Die können wir als Christen doch nicht mitbeten." „Wieso", entgegnet Max, „wir glauben doch an denselben Gott."

Das Achtzehn-Gebet (Auszüge)

Du bist heilig, dein Name ist heilig, und die Heiligen loben dich jeden Tag. Gepriesen seist du, Ewiger, heiliger Gott.
Vergib uns, unser Vater, denn wir haben gesündigt, verzeih uns, unser König, denn wir sind voller Schuld: voller Vergebung bist du und verzeihst. Gepriesen seist du, Ewiger, Gnädiger, der so oft vergibt.
Sieh unsere Armut, streite unsern Streit, erlöse uns um deines Namens willen in Bälde, denn ein starker Erlöser bist du: Gepriesen seist du, Ewiger, der Israel erlöst.
Segne uns, Herr unser Gott, dieses Jahr und segne alle Arten seines Ertrages zum Guten, gib Segen auf die Erde, sättige uns mit deinem Gut, und segne unser Jahr wie die guten Jahre. Gepriesen seist du, Ewiger, der die Jahre segnet.

Als Max und Greta wieder in Deutschland sind, stellen sie diese Frage ihrem Religionslehrer. Im Religionsunterricht vergleichen sie daraufhin das Vaterunser mit den jüdischen Gebeten.

1. Schreibe das Vaterunser – wie in der nebenstehenden Tabelle – in dein Heft. Schreibe in eine zweite Spalte daneben die jeweiligen Entsprechungen (rote Farbe) und Ähnlichkeiten (grüne Farbe).

2. Das Vaterunser ist ein christliches Gebet, das viele Ähnlichkeiten mit jüdischen Gebeten hat. Welche Gründe könnte es dafür geben?

3. Können Juden und Christen Vaterunser oder Achtzehn-Gebet gemeinsam beten?

Vaterunser	18-Gebet
Vater unser im Himmel.	
Geheiligt werde dein Name.	
Dein Reich komme.	
Dein Wille geschehe	
wie im Himmel so auf Erden.	
Unser tägliches Brot gib uns heute	
und vergib uns unsere Schuld wie auch wir vergeben unseren Schuldigern.	
Und führe uns nicht in Versuchung, sondern erlöse uns von dem Bösen,	
denn dein ist das Reich und die Kraft und die Herrlichkeit in Ewigkeit. Amen.	

Muslime bei uns

Kirchenglocken neben Muezzin

Eine Moschee in unserer Stadt, das wäre ja noch schöner. Was für einen Soundmix gibt das, wenn sich unsere bewährten Kirchenglocken mit dem Ruf des Muezzin vermischen? Immerhin sind wir doch in Deutschland und nicht im Orient. Was würden die Türken sagen, wenn in Istanbul neben ihrer Moschee eine christliche Kirche gebaut werden würde, deren Glocken immer läuten?

Wenn Fremde Freunde werden

Fremdenhass ist unter Christen in Deutschland leider kein Fremdwort mehr. Da ist nichts mehr übrig von der Gastfreundlichkeit, die in der Bibel gefordert wird. Woran liegt das? Die Psychologie lehrt: Wer Fremde hasst, hat Angst. Wer Fremde hasst, ist leicht zu verunsichern, weil er sich selbst nicht gut kennt und darum Angst hat, Neuem zu begegnen. Ich freue mich über die Moschee in unserer Stadt. Wir werden diskutieren, vielleicht streiten, aber hinterher in jedem Fall mehr voneinander wissen und einander besser verstehen. Das wird uns bereichern und nicht berauben. Und wenn wir offen sind, dann werden aus den Fremden vielleicht sogar eines Tages Freunde.

Dialog ist wichtig

Ich als Pfarrer der evangelischen Kirche freue mich über unseren neuen Nachbarn. Nur der Dialog zwischen den Religionen kann den Frieden sichern. Und ein Gespräch funktioniert am besten zwischen guten Nachbarn. Die vielen Vorbehalte resultieren meiner Meinung nach daraus, dass wir über die islamische Religion zu wenig wissen. Nehmen Sie sich ein Beispiel an meiner Religionsklasse. Die führt gerade ein Projekt zum Islam durch. Nur wer richtig informiert ist, kann sich auch ein Urteil erlauben.

Nichts gegen Türken, aber bitte keine Moschee!

Ich selbst habe nichts gegen Muslime. Aber eins ist doch klar: Wenn die hier leben wollen, dann müssen sie sich auch anpassen. Sie sind unserer Gäste, und wir nehmen sie in aller Gastfreundschaft auch auf. Aber sie sollen sich auch wie Gäste benehmen und nicht so viele Forderungen stellen. Und eine Moschee passt nun mal nicht zu uns.

A geplanter Standort der Moschee

B Ev. Auferstehungsgemeinde

Melanchthonweg

 A

 B

Martin-Luther-Straße

Kirchstraße

Neue Nachbarn: Kirchturm und Minarett?

Was einige befürchteten und andere erträumten, soll nun in die Tat umgesetzt werden: In Frankfurt will die islamische Gemeinde eine Moschee bauen, direkt neben einer evangelischen Kirche. Der Bau ist umstritten.

1. Eine Moschee neben einer Kirche? Die Meinungen in Frankfurt gehen auseinander. Sammelt an der Tafel oder im Heft aus den Leserbriefen Argumente sowohl für als auch gegen einen solchen Bau.

2. Eine Moschee neben einer Kirche, Kirchenglocken parallel zum Ruf des Muezzin? Was ist eure Meinung dazu?

3. In Frankfurt bilden sich vier Gruppen:
   Eine Bürgerinitiative gegen den Bau der Moschee,
   eine Gruppe, die gegen den Bau ist, sich aber nicht engagiert,

eine Gruppe, die für den Bau ist, sich aber nicht engagiert,
eine Bürgerinitiative, die sich für eine gute Zusammenarbeit mit den Muslimen stark macht.
Zu welcher Gruppe würdest du dich rechnen? Begründe deine Wahl. Wie sind die Mehrheitsverhältnisse in eurer Klasse?

4. Aus jeder Gruppe kommen zwei Vertreter zu einer Podiumsdiskussion zum Thema „Moschee neben Kirche". Spielt diese Diskussion mit Zuschauerbeteiligung und Zwischenfragen.

Woran Muslime glauben

Auch die evangelische Religionsklasse bleibt von dem Streit um die Moschee nicht unberührt. Um sich eine eigene Meinung bilden zu können und um den Islam besser kennen zu lernen, führt sie ein Projekt zum Islam durch. Heute ist die islamische Lehrerin Frau Erbay im Unterricht zu Gast. Die Schülerinnen und Schüler stellen ihr viele Fragen:

Woran glaubt ihr im Islam denn eigentlich?

Frau Erbay: Wir sind Muslime. So nennen sich die Anhänger des Islam. „Islam" ist ein arabisches Wort und bedeutet „Hingabe an Gott". Muslime sind demnach Menschen, die sich Gott hingeben. Bei uns heißt Gott „Allah". Es ist derselbe Gott, an den auch die Juden und Christen glauben. Die Christen nennen ihren Gott bei uns auch Allah. Wir glauben, dass Allah Propheten ausgeschickt hat, darunter auch Mose und Jesus, um uns seine Gesetze zu lehren. Der letzte und wichtigste Prophet aber war Mohammed.

Glaubt ihr wirklich an den gleichen Gott wie wir Christen?

Frau Erbay: Unterschiede gibt es schon: Wir glauben, dass Gott einzig ist. Und wenn im christlichen Glauben von Vater, Sohn und Heiligem Geist die Rede ist, dann sind das drei und nicht einer.

Wenn ihr in eurer Religion auch Geschichten von Mose und Jesus kennt, habt ihr dann auch unsere Bibel?

Frau Erbay: Unser heiliges Buch ist der Koran. Ich habe es euch mitgebracht. Wir glauben, dass der Koran die Worte Allahs enthält. Ein Engel hat sie Mohammed offenbart. Weil Mohammed nicht schreiben konnte, lernte er die Worte auswendig. Freunde haben sie für ihn aufgeschrieben. Die Worte sind arabisch und wir lernen Arabisch, um sie zu verstehen.

Was steht denn im Koran?

Frau Erbay: Jedes Wort im Koran kommt unserer Überzeugung nach direkt von Gott. Im Koran stehen die Offenbarungen, die Mohammed hatte. Diese sind in 114 Suren, d.h. Abschnitte, zusammengefasst. Die Suren sind der Länge nach geordnet. Eine Ausnahme bildet die erste Sure, die „Fatiha" heißt. Sie ist für uns genauso wichtig wie für euch das Vaterunser. Jeder Muslim kann einige Suren auswendig. Der Inhalt dieser Suren ist sehr unterschiedlich. Sie schildern Gottes Eigenschaften, berichten von den Propheten, von alten Völkern, über Naturerscheinungen, über die Schöpfung insgesamt. Ein wichtiger Bestandteil im Koran sind Regeln und Hinweise für das Zusammenleben der Muslime.

Was denkt ihr denn über unsere Bibel und über Jesus?

Frau Erbay: Wir achten und respektieren die Bibel als eine heilige Schrift. Wir glauben, dass die jüdische Tora, die Psalmen und die Evangelien des Neuen Testaments Gottes Wort sind. Wir ehren Jesus als Prophet. Jedoch glauben wir nicht, dass er Gottes Sohn ist.

Frau Erbay hat ein Schaubild mitgebracht:
Sie erklärt:
Wir Muslime haben „fünf Pflichten". Diese fünf Pflichten heißen „die fünf Säulen des Islam".
Mehrmals am Tag sprechen wir unser Glaubensbekenntnis: La ilaha illa-llah - muhammad rasulu llah. „Es gibt keinen Gott außer Gott. Mohammed ist sein Prophet."

Fünfmal am Tag sprechen wir zu festgelegten Zeiten unser Pflichtgebet. Vor dem Gebet waschen wir uns.
Während des Monats Ramadan fasten die erwachsenen Muslime.
Wer Geld verdient, zahlt eine Pflichtabgabe für die Armen.
Einmal im Leben soll jeder Muslim eine Reise nach Mekka machen.

1. Erklärt die folgenden Begriffe: Allah, Islam, Muslime, Koran.

2. Übertragt das Schaubild in euer Heft und ordnet die folgenden Aussagen den einzelnen Säulen zu.
   - Ziel ist die Kaaba, die sich im Innenhof der Großen Moschee befindet.
   - Es beginnt täglich mit dem Hellwerden und endet mit der Dunkelheit.
   - Der wohlhabende Muslim gibt 2,5 % seines Vermögens.
   - Vorher wäscht sich der Muslim in einer genau vorgeschriebenen Reihenfolge.
   - Indem man auf Dinge verzichtet, findet man Ruhe und Zeit, um an Allah zu denken und zu beten.
   - Alle Muslime zahlen eine Pflichtabgabe, die für die ärmeren Gemeindeglieder bestimmt ist.
   - Wichtig ist die Richtung zur heiligen Stadt Mekka.
   - Dabei sprechen sie Gebete und grüßen oder berühren den heiligen schwarzen Stein.
   - Wer nicht selber arm und bedürftig ist, soll einmal im Jahr etwas geben.
   - Wer dies öffentlich und mit ernster Absicht ausspricht, bekennt sich zum Islam und ist Muslim.
   - Der Monat dafür heißt Ramadan.
   - Kinder, Schwangere und Reisende sind davon ausgenommen.
   - Jeder Muslim soll wenigstens einmal im Leben in Mekka gewesen sein.
   - Die Zeiten sind über den ganzen Tag verteilt.
   - „Es gibt keinen Gott außer Gott. Mohammed ist sein Prophet."

Moschee und Gebet

Gemeinsam mit Frau Erbay unternimmt die Klasse eine Exkursion zur Moschee in der Nachbarstadt.

Frau Erbay: Die Moschee ist unser Gebetshaus. Sie hat einen hohen Turm, das Minarett. Von dort aus ruft der Muezzin, d. h. der Gebetsrufer, die Gläubigen zum Gebet. Oft ist es auch einfach ein Lautsprecher. Jeden Freitag gehen wir mittags zum Beten in die Moschee.

Und wie sieht's drinnen aus?

Frau Erbay: Moscheen sind oft schön geschmückt, aber es gibt keine Bilder oder Statuen von lebenden Dingen. Mohammed befürchtete, die Menschen könnten diese Dinge statt Allah verehren. Es gibt auch keine Stühle. Die große Halle ist ein weiter Raum, in dem die Männer in Reihen, Schulter an Schulter, sitzen oder stehen. Die Frauen sitzen getrennt von den Männern hinter einem Vorhang auf der linken Seite. Die Nische in der Wand nennt man Mihrab. Sie zeigt genau nach Mekka. Freitags hält der Imam, der Vorbeter und das Oberhaupt der Gemeinde, eine Predigt von einer Kanzel, Mimbar genannt.

Müsst ihr zum Beten immer in die Moschee?

Frau Erbay: Die Moschee ist zwar ein besonderer Ort, an dem wir zu Allah beten. Aber wir können unsere täglichen Gebete auch dort sprechen, wo wir uns gerade befinden – bei der Arbeit, zu Hause oder in der Schule. Das Gebet ist der wichtigste Teil unserer Verehrung von Allah.

Wenn wir Christen beten, falten wir einfach die Hände. Wenn Juden beten, tun sie das mit Gebetsmantel und Gebetsriemen. Wie ist es denn bei euch?

Frau Erbay: Beim Gebet verbeugen wir uns, knien nieder und berühren den Boden mit unserer Stirn. Wir suchen uns dafür einen sauberen Platz aus oder verwenden einen Gebetsteppich. Wir schauen beim Beten immer in Richtung Mekka. Um unsere Achtung vor Allah zu bezeugen, bedecken wir während des Gebets unseren Kopf. Frauen tragen Kopftücher oder Schleier, die Männer ein Käppchen. Eine Kette mit Perlen hilft uns dabei, uns an die neunundneunzig verschiedenen Namen Allahs zu erinnern, die im Koran stehen.

Ist es richtig, dass in die neue Moschee ein Schwimmbad eingebaut wird?

Frau Erbay *lacht*: Nein, nein – kein Schwimmbad, sondern nur ein Bereich mit fließendem Wasser. Die Reinigung vor dem Gebet spielt bei uns eine große Rolle. Um unseren Respekt vor Allah zu bezeugen, ziehen wir unsere Schuhe vor der Moschee aus. Danach waschen wir uns in einer festgelegten Reihenfolge: die Hände, das Gesicht, die Arme, den Kopf und die Ohren. Zuletzt waschen wir unsere Füße.

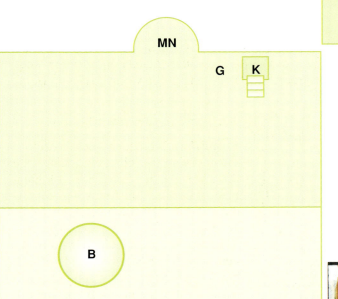

1. Übertragt den Grundriss der Moschee in euer Heft und ordnet die folgenden Begriffe richtig zu:
   Minarett, Gebetssaal, Brunnen, verzierte Nische (Mihrab) in Richtung Mekka, Kanzel (Mimbar)

2. Schreibt die folgenden Gebetsphasen in der richtigen Reihenfolge in euer Heft:
   - Er richtet sich wieder auf und spricht: Allah erhört den, der ihn lobt. Oh, Allah, unser Herr, dir sei Ehre.
   - Zum Zeichen der Anbetung Gottes berührt er mit der Stirn den Boden.
   - Die Hände auf die Knie gestützt, verneigt er sich und betet: „Allah ist sehr groß!"
   - Stehend, mit erhobenen Armen, betet der Moslem: „Allah ist groß!"
   - Auf den Knien spricht er das muslimische Glaubenbekenntnis.
   - Mit an den Körper angelegten Armen spricht er die erste Sure des Koran.

Der Ursprung

Der Prophet Mohammed

Mohammed wurde um 570 n. Chr. in Mekka geboren. Nach dem frühen Tod seiner Eltern wurde er von seinem Onkel erzogen, zusammen mit seinem Vetter Ali. Mit 25 Jahren heiratete er die reiche Kaufmannswitwe Chadidscha und wurde Kaufmann.

Als „Gottsucher" verbrachte er jedes Jahr einige Tage in einer Höhle in der Wüste. Eines Tages kam er ganz verwirrt nach Hause und erzählte seiner Frau, der Erzengel Gabriel sei ihm in einer Höhle des Berges Hira erschienen und habe ihn zum Propheten Allahs erklärt. Chadidscha ermutigte ihren Mann und sagte: „Freue dich und sei guten Mutes. Wahrlich, du wirst der Prophet dieses Volkes sein." Chadidscha wurde durch dieses Bekenntnis zur ersten Muslimin. Mohammed begann zu predigen, aber die Bewohner Mekkas hörten nicht auf ihn und sahen in ihm auch nicht den Propheten Allahs. Deshalb wanderte Mohammed 622 n. Chr. mit seinen ersten Anhängern nach Medina aus. Mit diesem Auszug, der Hidschra, beginnt die islamische Zeitrechnung.

Acht Jahre später kehrte Mohammed mit seinen Anhängern zurück und eroberte Mekka. Er bestimmte Mekka zur heiligsten Stadt des Islam. Das alte heidnische Heiligtum, die Kaaba, bestimmte er zum wichtigsten Wallfahrtsort für Muslime. Nur noch Muslime durften Mekka betreten. Seit dieser Zeit werden alle Gebete in Richtung Mekka gesprochen.

1. Welches sind die wichtigsten Stationen in Mohammeds Leben?

2. 622 n. Chr. beginnt die islamische Zeitrechnung. Welches Ereignis liegt diesem Datum zugrunde? In welchem Jahr der islamischen Zeitrechung befinden wir uns heute?

3. Ordne die Jahreszahlen den Ereignissen richtig zu und erstelle eine Zeittafel zum Leben Mohammeds.

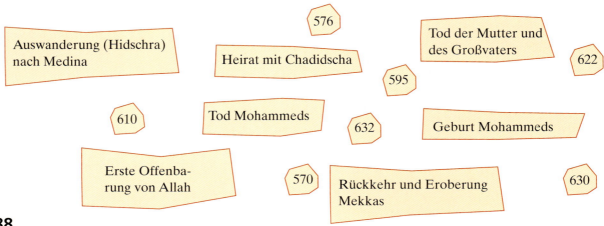

576

Auswanderung (Hidschra) nach Medina

Heirat mit Chadidscha

Tod der Mutter und des Großvaters

622

595

610

Tod Mohammeds

632

Geburt Mohammeds

Erste Offenbarung von Allah

570

Rückkehr und Eroberung Mekkas

630

Die Pilgerfahrt nach Mekka

Frau Erbay: Vor zwei Jahren war mein Onkel in Mekka. Seitdem heißt er Murrat Hadschi Güler. Er hat diese Bilder mitgebracht.

Alle Muslime sollen mindestens einmal in ihrem Leben eine Pilgerfahrt (Hadsch) nach Mekka machen. Damit zeigen sie, dass sie an Allah glauben und ihm in allen Dingen gehorchen wollen. Wer die Pilgerreise gemacht hat, darf seinem Namen den Ehrentitel Hadschi zufügen.

Männer und Frauen tragen während der Pilgerreise weiße Gewänder. Viele bedecken ihr Gesicht. Die Frauen und Mädchen tragen einen Schleier. An mehreren Stellen der Stadt werden Gebete gesprochen. Dann begeben sich die Pilger zur Kaaba, einem sechzehn Meter hohen und elf Meter langen steinernen Bauwerk, mit einer einzigen Tür. An der Südostecke der Kaaba ist der schwarze Stein eingelassen. Nur zwanzig Zentimeter im Durchmesser und in Silber gefasst nimmt er in der islamischen Tradition einen sehr wichtigen Platz ein. Siebenmal umrunden die Pilger die Kaaba, und jedes Mal wenn sie an dem schwarzen Stein vorbeikommen beten sie „Allahu Akbar – Allah ist groß".

Die Muslime glauben, dass Abraham mit seinem Sohn Ismael die Kaaba gebaut hat.

1. Worin seht ihr die Vor- und Nachteile einer solchen Pilgerfahrt?

2. Auch Christen begeben sich auf Pilgerfahrt. Welche Ziele kommen dabei für Christen in Frage?

3. Informiert euch über christliche Pilgerfahrten (z. B. unter www.pilgerweg.de) und schreibt die Stationen von einer in euer Heft.

Der Islam bestimmt auch das Alltagsleben

Frau Erbay: Jeder Augenblick unseres Lebens ist eng mit unserer Religion verbunden. Sobald wir geboren werden, gehören wir zur Gemeinschaft der Muslime.

Nach der Geburt

Die erste religiöse Handlung findet gleich nach der Geburt statt. Wir glauben, dass ein Kind ein Geschenk Allahs ist. Es soll so schnell wie möglich im Glauben aufgenommen werden. Das Baby wird gewaschen und in sein rechtes Ohr wird der Ruf zum Gebet, in das linke Ohr der Ruf zur Verehrung Allahs geflüstert. Dann wird etwas Honig oder ein Stück Zucker auf die Zunge des Babys gelegt, als Zeichen für ein glückliches Leben.

Die Namensgebung

Wenn ein Baby sieben Tage alt ist, bekommt es einen muslimischen Namen. Sein Kopf wird rasiert. Das Haar wird mit Silber aufgewogen, das dann an die Armen verteilt wird. Jungen werden beschnitten.

Der erste Zahn

Alle warten auf den ersten Zahn. Wer ihn als erster sieht, muss dem Baby etwas schenken. Es werden Gäste eingeladen und ein schönes Fest gefeiert.

Lesen und Schreiben

Mit sieben Jahren gehen muslimische Kinder zum Abendunterricht in die Moschee. Der Imam lehrt sie, den Koran in Arabisch, der Originalsprache, zu lesen. Sie lernen dort auch, in arabischer Schrift zu schreiben, richtig zu beten und sich in der Moschee richtig zu verhalten.

Jungen und Mädchen

Vor Allah sind Jungen und Mädchen gleich. Wir müssen in gleicher Weise die „fünf Pflichten" des Islam erfüllen. Wir müssen den Eltern gehorchen und alte Menschen respektieren. Im Endgericht sind wir ganz allein verantwortlich für das, was wir im Leben getan haben. Leider haben im alltäglichen Leben die Jungen meistens viel mehr Rechte als die Mädchen. Die Mädchen müssen im Haushalt helfen und auf kleinere Geschwister aufpassen, während die Jungs draußen Fußball spielen und ihre Freunde treffen. Bei Mädchen wird besonders darauf geachtet, dass sie sich anständig kleiden.

Hochzeit

Das ist die Hochzeit meines Bruders. Eine muslimische Hochzeit ist immer ein großes fröhliches Fest. Oft suchen die Väter für ihre Töchter den Ehemann aus. Aber unser Gesetz sagt, dass keine Frau gezwungen werden darf, jemanden zu heiraten, den sie nicht will.

Die Hochzeitszeremonie ist nicht religiös. Der Mann macht seinen Heiratsantrag, und die Frau willigt vor einer Anzahl Zeugen ein. Beide unterschreiben einen Ehevertrag, damit die Ehe rechtsgültig ist, und der Mann gibt seiner Frau einen Geldbetrag.

Tod und Beerdigung

Die Toten werden bei uns in weiße Tücher gehüllt und so bald wie möglich beerdigt. Freunde und Nachbarn zeigen ihr Mitgefühl und bieten ihre Hilfe an. Wir Muslime glauben, dass die Toten eines Tages wieder zum Leben erweckt werden.

Allah wird dann Gericht über uns halten. Wenn wir ein gutes Leben geführt haben, kommen wir ins Paradies. Wenn wir unsere Pflichten nicht erfüllt haben, kommen wir ins ewige Feuer.

1. Zeichne unter der Überschrift „Wichtige Stationen und Feste im Leben der Muslime" einen Lebensweg in dein Heft und markiere die wichtigsten Stationen mit einer kleinen Zeichnung. Schreibe jeweils einen erklärenden Satz dazu.

Bildnachweis

U1 o.: Corbis/Duomo; Mi.:
MEV/M. Witschel; u.: MEV-Verlag
U4 o.: Cinetext/Omega; u.: IFA-Bilderteam/
Hasenkopf
S. 11: epd-bild/Rolf Schulten
S. 12 o.: Reihe von links: MEV/M. Witschel;
Corbis/R. Emery; Mauritius/SST; Corbis/T.
Stewart; u.: Reihe von links:
Corbis/Duomo, Mauritius/Poehlmann,
Cinetext/Omega Mi.: Mauritius/Kupka
S. 17: Foto: Christian Herter
S. 20: MEV-Verlag
S. 22: Privat
S. 23: Privat
S. 26: © Sieger Köder, Schöpfung
S. 30 li.: IFA-Bilderteam/Haigh;
re.: IFA-Bilderteam/Diaf
S. 31 o.: IFA-Bilderteam/Heron;
u.: IFA-Bilderteam/Hasenkopf
S. 36 o.: epd-bild/O'Sullivan;
u.: dpa/Franz-Peter Tschauner
S. 37 o.: dpa Mi.: dpa/Gero Breloer;
u.: Lothar Nahler
S. 38: Keith Haring, Ohne Titel, Mai 1988.
In: Keith Haring, Katalog zu den
Ausstellungen in Castello di Rivoli,
Malmö, Hamburg, Tel Aviv, Kat.-Nr. 116
S. 42: kna-Bild
S. 43: kna-Bild
S. 46: Elektrischer Stuhl in Lucasville/Ohio
(USA). Foto: dpa
S. 54: Foto: dpa/Dieter Klar
S. 54/55: Grafiken aus: Andreas Iber:
Dem Leben trauen, statt Geister schauen.
Spielraum Konfirmandenunterricht,
Agentur des Rauhen Hauses Hamburg
1997, S. 21/22
S. 56: epd-bild/version
S. 63: Dorothea Steigerwald, „Bleib Sein
Kind". © Joh. Brendow & Sohn Verlag
GmbH, Moers

S. 71: Werner »Tiki« Küstenmacher, aus:
Wo ist der verlorene Sohn?, Claudius
Verlag, München
S. 72: © Sieger Köder, Die Verleugnung
des Petrus
S. 74: Construction Workers. © Corbis
S. 76–81; 85 o.: Ivan Steiger
S. 77: Thomas Zacharias, Fluss mit Herzen,
© VG Bild-Kunst, Bonn 2004
S. 84: action-press/A. Kirchhof, Hamburg
S. 85 u.: Werner »Tiki« Küstenmacher
S. 89: © Sieger Köder, Ihr habt mir zu essen
gegeben
S. 90: Paulinenpflege, Winnenden
S. 91: © Diakonisches Werk
S. 92/93: Paulinenpflege Winnenden
S. 94/95: MEV-Verlag
S. 96 o.li.: kna-bild; o.re.: MEV-Verlag;
Mi.li.: Dietmar Gust; Mi.re.: Lothar Nahler;
u.li.: Dietmar Gust; u.re.: MEV-Verlag
S. 98: Marc Chagall, Das Paradies
(Ausschnitt). © VG Bild-Kunst, Bonn 2004
S. 100 li.: Kai Horstmann/Greenpeace
S. 100 re.: Greenpeace/den Heijer
S. 101 o.: Corbis/J. McDonald
S. 101 u.: Corbis
S. 102 o.li.: Jürgen Siegmann/Greenpeace;
o.re.: Christian Lehsten/argum/Greenpeace;
Mi.: Gerhard Schulz/Greenpeace;
u.: Greenpeace/Perrine
S. 104 © Sieger Köder, Prophet
S. 105 li.: epd-bild/ Johannes Schmid;
re.: epd-bild/ Thomas Lohnes;
u.: Carl Hofer (1878–1955): Der Rufer,
um 1924. Foto: Artothek
S. 114: Beate Heinen, Schutzengel, 1984.
© ars liturgica Kunstverlag, 56653 Maria
Laach, Nr. 5413
S. 115: kna-bild
S. 118: Foto: Jim Amentler
S. 123: Foto: Lothar Nahler
S. 126: action-press/Knoop

S. 128: Bilderberg
S. 130: epd-bild/Langer
S. 131: Hintergrundfoto: actionpress/
allsport
S. 134–136: Bettina Rheims, aus: I.N.R.I.,
Kehayoff Verlag München
S. 140: Relindis Agethen, Abschied
S. 142: Foto: Max Beckenbach
S. 144: Lade/TPH
S. 146: IFA-Bilderteam/W. Schmidt
S. 148: Lovis Corinth (1858–1925), Der
Apostel Paulus (Ausschnitt)
S. 150: Domenico Zampieri, Die Steinigung
des Stephanus
S. 151: Michelangelo Caravaggio, Die
Bekehrung des Saulus, 1600/1601
S. 156: Walter Habdank (1930–2001)
Gefangener zu Psalm 88, Holzschnitt 1975.
© Galerie Habdank
S. 157: Rembrandt van Rijn, Paulus im
Gefängnis
S. 160: Integriertes Bild: Die Höllenstrafen,
Französische Buchmalerei, 15. Jh.
Foto: AKG
S. 168: Paul Thumann, Luther vor dem
Reichstag (1872). Foto: AKG
S. 172: Integriertes Foto: Hans-Georg
Vorndran/SchalomNet
S. 173: Hans-Georg Vorndran/SchalomNet
S. 174 o.: Hans-Georg Vorndran/
SchalomNet; u.: Toraschule. Jüdische
Buchmalerei, 14. Jh. Foto: © AKG
S. 176: Herby Sachs/version
S. 177 o.: Herby Sachs/version; li.: Herby
Sachs/version; u.: epd-bild/Norbert Neetz
S. 183: kna-bild
S. 184: kna-bild
S. 186: kna-bild
S. 187 o.: kna-bild
S. 189: alle dpa
S. 190 o.: kna-bild; u.: version/Maro
S. 191 o.: Emmler/laif; u.: reporters/laif

Textnachweis

S. 21 Dietrich Bonhoeffer, Wer bin ich?
aus: Widerstand und Ergebung. Aufzeich-
nungen aus der Haft, Ed. Kaiser im Güters-
loher Verlagshaus, Gütersloh 17. Auflage
2002
S. 32 Meint es der andere ernst? in: Karl
Hurschler/Albert Odermatt, Schritte ins
Leben, Klett & Balmer Verlag, Zug 1992,
S. 155
S. 56 Oskar Beck, in: HörZu Nr. 4/1995
S. 57 Wunderheiler? Nach W. Hund:
Okkultismus – Materialien zur kritischen
Auseinandersetzung, Verlag an der Ruhr
1996, S. 139

S. 59 Ein makabres Experiment. Nach
W. Hund: Okkultismus – Materialien zur
kritischen Auseinandersetzung, Verlag an
der Ruhr 1996, S. 62
S. 61 Es gibt immer eine Alternative. Stark
verändert nach W. Hund: Okkultismus –
Materialien zur kritischen Auseinander-
setzung, Verlag an der Ruhr 1996, S. 28
S. 62 Ein authentischer Fall. © Peter
Meier-Hüsing
S. 63 Dietrich Bonhoeffer, Von guten
Mächten, aus: Widerstand und Ergebung.
Aufzeichnungen aus der Haft, Ed. Kaiser im
Gütersloher Verlagshaus, Gütersloh 17 2002

S. 78 Heinrich Böll, Anekdote zur Senkung
der Arbeitsmoral
S. 103 Ein Vormittag im Leben des
Schülers M. Nach: Kursbuch Konfirmation.
Ein Arbeitsbuch für Konfirmandinnen und
Konfirmanden, Patmos Verlag Düsseldorf
1995, S. 75
S. 107 Texte nach: Religionsunterricht
praktisch, 7. Schuljahr, Hg. Rudolf
Tammeus, Verlag Vandenhoeck und
Ruprecht, S. 45
S. 123 Margaret Fishback Powers, Spuren
im Sand, © Brunnen Verlag, Gießen